„Wissen ist ein Schatz, der seine Besitzer überallhin begleitet."

(aus China)

Guido Sieverling

Wing Chun

Die Kampfkunst des ewigen Frühlings

Bibliografische Information der Deutschen Nationalbibliothek:
Die Deutsche Nationalbibliothek verzeichnet diese Publikation in der Deutschen Nationalbibliografie; detaillierte bibliografische Daten sind im Internet über http://dnb.d-nb.de abrufbar.

© 2024 – Guido Sieverling-3.Auflage
Verlag: BoD • Books on Demand GmbH, In de Tarpen 42, 22848 Norderstedt
Druck: Libri Plureos GmbH, Friedensallee 273, 22763 Hamburg

ISBN-13: 978-3-7597-8662-3

Inhaltsverzeichnis

Vorwort   7

Prolog   9

Der Unterschied von Kampfsport und Kampfkunst   11

Welche Kampfsport- und Kampfkunstarten gibt es?   15

Chinesische Kampfkünste   23

Die Bedeutung des Begriffes „Kung Fu"   29

Warum ausgerechnet Kung Fu trainieren?   31

Was ist Wing Chun?   33

Die Geschichte des Wing Chun   39

Die sechs Formen des Wing Chun   43

Wie soll ich trainieren?   45

Begriffe und Beispieltechniken des Wing Chun   49

Training für Kinder und Jugendliche   89

Das Erwachsenentraining   91

Graduierungen im Wing Chun   93

Titel des Wing Chun   95

Ein Leben für die Kampfkunst 97

Epilog 99

Danksagungen 101

Vorwort

Was ist ein Buch, wenn es sich nur in den Gedankengängen oder auf der Festplatte des Schreibers befindet? Dies habe ich mir auch gesagt und deshalb dieses Buch geschrieben. Es soll dem Leser einen Anstoß dazu geben, die Faszination und die ganze Vielfältigkeit des Kämpfens kennen zu lernen und falsche Vorstellungen darüber abzubauen.

Ich selbst wurde im Jahr 1968 geboren. Seit dem Jahr 1984 habe ich elf verschiedene Kampfstile trainiert, wie beispielsweise *Ninjutsu*, *Shaolin Kung Fu* und *Wing Chun*.

Diese Vielfältigkeit an Erlerntem sehe ich persönlich als das an, was es tatsächlich ist: Eine Erweiterung und Bereicherung von Wissen, Erfahrung, Lebenseinstellung und Bewusstsein.

Aus diesem Erfahrungsschatz heraus hatte ich mich dazu entschlossen, das Kung Fu-Zentrum LÓNG QUÁN zu gründen. Auf Titel lege allerdings keinen so großen Wert. Für mich ist dies nur ein Titel auf meinem Weg – lernen werde ich allerdings ein Leben lang.

Dieses Buch soll auch all denen helfen, die sich ihre eigenen Gedanken machen und nicht nur stupide nacheifern wollen, was ihnen vorgemacht wird. Das eigentliche Ziel der Kampfkünste besteht nicht darin, zerstörerisch oder gewalttätig zu wirken, sondern das Leben zu bewahren und zu verbessern.

Es wäre für mich die größte Belohnung für meine Mühe, wenn dieses Buch zumindest teilweise Antworten auf die gestellten Fragen geben kann, denn ein Buch, dass das eigene Nachdenken anregt, ist sicherlich höher zu bewerten als eines, das Problemlosigkeit vermitteln will.

Es wird aber auch Vereine und Verbände geben, die sicherlich eigene Sichtweisen inhaltlicher Art haben. Dies ist auch vollkommen normal und legitim, denn wer 100 Leute fragt, bekommt 100 verschiedene Antworten.

Vielleicht trägt dieses Buch dazu bei, das Wissen und Training eines jeden Interessierten zu bereichern und sie dazu anzuregen, neue und unbekannte Bereiche in der Welt des Kampfes zu erschließen.

Jeder Mensch ist ein Individuum und besitzt andere geistige und körperliche Voraussetzungen. Diese sollten auch genutzt und nicht vergeudet werden.

Möge dieses Buch all denen helfen, die sich ihre eigenen Gedanken machen und nicht nur nacheifern, was ihnen vorgemacht wird.
Und nun wünsche ich allen Lesern viel Spaß beim Schmökern und Ihren persönlichen Weg zu finden…

Guido Sieverling

Sigung des Lóng Quán Kung Fu,
Dai-Sifu des Wing Chun,
Sifu des Bajiquan,
Sensei des Ninjutsu und
Inhaber des Kung Fu-Zentrum LÓNG QUÁN

Prolog

咏 春

Heutzutage ist das *Kung Fu* in aller Munde. Ob es eine Modeerscheinung ist, bleibt abzuwarten. Ich hoffe, dass dem nicht so ist, denn hiermit können erstaunliche Erfolge in der Selbstverteidigung und Körperbeherrschung erzielt werden.

Dieses Buch soll nicht sämtliche Wing Chun-Techniken in Wort und Bild beschreiben, sondern nur die, bei denen ein schnelles Ende im Kampf erreicht werden kann, oder sogar im Vorfeld ein solcher verhindert wird.

Im Angriffsfall müssen Sie durch den Einsatz bestimmter Selbstverteidigungstechniken eventuell mit strafrechtlichen Konsequenzen rechnen, wenn sie noch kein Gefühl für die Intensität der unterschiedlichen Ziele bekommen haben und es dadurch zu gesundheitlichen Komplikationen des Angreifers kommt.

Aus diesen Gründen kann kein Buch ein Training, in welchem Stil/System auch immer, ersetzen. Deshalb ist der Besuch einer Kampfkunstschule eigentlich Pflicht! Ein Buch dient lediglich dazu, einen Einblick in die jeweilige Stilrichtung zu bekommen und dadurch vielleicht Lust zu verspüren, den jeweiligen Stil trainieren zu wollen.

Das Wing Chun darf auch nicht als umfassende Garantie für tätliche Übergriffe verstanden werden. Zwar bietet es die eine oder andere Möglichkeit zum Selbstschutz an, aber nicht jeder Aggressor reagiert gleich. Dies kann man im Training bereits auch schon sehr gut sehen. Falls Sie die im Buch vorgestellten Techniken mit mehreren Trainingspart-nern trainieren möchten, so werden Sie mit Sicherheit Unterschiede im Schmerzlevel feststellen können.

Einige Bilder wirken vielleicht ein wenig statisch. Das sind sie auch, denn eine schnelle Technik bildlich vernünftig darstellen zu wollen, ist fast unmöglich. So „froren" wir für jedes Foto die Bewegung ein, um möglichst detailgenau zu arbeiten.

Medizinische Wörter und asiatische Namen habe ich der Verständlichkeit halber kursiv gedruckt.

Ich habe mir Mühe gegeben, nicht zu medizinisch zu schreiben, da ich über 20 Jahre in einem Krankenhaus gearbeitet habe und das Buch auch von Laien verstanden werden soll. Hoffentlich ist mir dies auch gelungen…

Der Unterschied von Kampfsport und Kampfkunst

咏 春

Kampfsport ist im deutschsprachigen Raum der in der Öffentlichkeit benutzte Sammelbegriff für die vielen verschiedenen Kampfstile, vor allem solche, bei denen keine Schusswaffen verwendet werden. Besonders häufig wird der Begriff speziell mit der asiatischen Tradition des japanischen *Budō*, des chinesischen *Kung Fu* oder des koreanischen *Taekwondo* verknüpft, obwohl es auch zahlreiche einheimische Kampfstile gibt. Zu den in Europa bekanntesten Kampfsportarten gehören *Boxen*, *Karate*, *Judō* und *Ringen* sowie lokal bedeutende Sportarten wie das schweizerische *Schwingen* oder das türkische Ölringen *Yağlı güreş*.

Die Trennung zwischen *Kampfkunst* und *Kampfsport* ist nicht scharf. Von vielen Kampfkünsten gibt es auch Varianten, die den sportlichen Zweikampf erlauben (z. B. *Karate*). In anderen Kampfkünsten hingegen stehen sportliche Einzelwettbewerbe im Vordergrund (z. B. beim modernen *Wushu*), während der Aspekt der Selbstverteidigung und der echte Kampf in den Hintergrund tritt.

Kampfsport

In Fachkreisen wird jedoch meistens eine genauere Differenzierung zwischen Kampfsport und Kampfkunst verwendet. Im Kampfsport steht demnach der reglementierte sportliche Wettkampf im Vordergrund, bei dem es darum geht, im Rahmen der Regeln zu gewinnen und besser zu sein als der Gegner. In den meisten Kampfsportarten werden keine Waffen verwendet und wenn doch, dann nur Sportwaffen, die die Verletzungsgefahr verringern oder gar nicht erst entstehen zu lassen. Wettbewerbe im Kampfsport sind in der Regel Zweikämpfe, jedoch sind auch andere Wettbewerbsformen möglich. Als oberster Grundsatz gilt, dass die Kämpfer keine dauerhaften Schäden davontragen dürfen. Ebenso soll der Sportkampf auch Spaß machen. Im Kampfsport sind vor allem zwei Arten von Wettkämpfen gebräuchlich: Zweikämpfe und Formwettkämpfe. Im sportlichen Zweikampf muss ein, in seltenen Fällen auch mehrere, Gegner besiegt werden. Je nach Sportart sehr unterschiedliche Kriterien können dabei zum Sieg führen: K.O. (z.B. beim *Boxen*), Niederschlag, erfolgreiche Anwendung bestimmter

Techniken (z. B. beim *Karate*), Immobilisierung des Gegners (z. B. beim *Judō*), Herauswerfen des Gegners aus dem Ring (z. B. beim *Sumo*), Erzwingen der Aufgabe des Gegners (z.B. im *Judō*), Bodenkontakt bestimmter Körperteile (z. B. beide Schultern beim *Ringen, Schwingen*). In der Regel sind dabei bestimmte Techniken verboten, wie beispielsweise Stiche zu den Augen, Schläge in den Genitalbereich, oder Tritte, Würfe oder Hebeltechniken allgemein, und gehören auch nicht zum Ausbildungsprogramm der Sportart.

Wettkämpfe werden von einem Kampfrichter entschieden. Es kommt nicht so sehr darauf an, seinen Gegner zu besiegen, sondern den Kampfrichter von seinen Fähigkeiten zu überzeugen. Es werden oft meist Techniken eingeübt, die im Wettkampf auch Erfolge oder Punkte bringen. Andere Techniken werden oft gar nicht trainiert. Der Schiedsrichter beendet den Kampf entweder nach Punkten, wenn einer der Gegner aufgibt, oder wenn es ein K.O. gegeben hat. Auch der Ablauf des Zweikampfes kann stark reglementiert sein. In bestimmten Formen des Kumite beim Karate beispielsweise darf jeder der Gegner eine fest vorgegebene Anzahl von Angriffen durchführen, die der andere Gegner erfolgreich abwehren muss, um zu gewinnen. Nach Regelwidrigkeiten kann ein Gewinner nachträglich disqualifiziert werden. Kämpfe können auch künstlich verlängert werden, wenn jeder Teilnehmer wieder in seine Ausgangsposition zurückkehren muss.

Oft ist ein Gegner auch bereits im Vorfeld bekannt, so dass seine Stärken und Schwächen herausgefunden werden können.

Kampfkunst

Eine Kampfkunst hingegen befasst sich in der Regel mit Selbstverteidigung und dem Verhalten in echten, unreglementierten Gefahren- oder Konfliktsituationen. Daher enthält jede Kampfkunst Kampftechniken, die zum Ziel haben, einen Gegner zu besiegen, häufig auch unter der Verwendung von Waffen. Darüber hinaus gehören zu einer Kampfkunst häufig andere Aspekte, wie beispielsweise die Vermeidung von Konflikten im Vorfeld, die generelle Erhöhung der Beweglichkeit, Kraft, Geschwindigkeit oder Selbstdisziplin. Es werden alle Techniken eingeübt, die zum Sieg führen können. Erfolgreiche Techniken werden keinem Regelwerk angepasst. Es gibt keine Regeln, alles ist erlaubt! Kämpfe werden so lange fortgesetzt, bis einer der Gegner aufgibt oder nicht mehr dazu in der Lage ist, oder er flüchtet. Trotzdem muss der Unterlegene immer noch mit weiteren Angriffen rechnen.

Manche Kampfkunstsysteme, vor allem aus dem asiatischen Umfeld, sehen sich als vollständiges System der Lebensgestaltung oder Vervollkommnung mit entsprechendem philosophischem oder religiösem Unterbau, wie beispielsweise das japanische *Budō*. Vor allem heutzutage treten dabei die eigentlichen Kampftechniken bisweilen sogar in den Hintergrund oder werden nur als Weg zum eigentlichen Ziel verstanden. Wettbewerbe in den Kampfkünsten sind in der Regel keine Zweikämpfe. Da der Gegner im Vorfeld zumeist nicht bekannt ist, kann im Vorfeld auch keinerlei Strategie gegen diesen entwickelt werden.

Wenn ein Kampf, mit welchem Ausgang auch immer, beendet ist, gibt es in der Regel keine zweite Chance.

Welche Kampfsport- und Kampfkunstarten gibt es?

咏 春

Die folgende Liste soll einen kleinen Einblick geben, welche Stile und Systeme es weltweit gibt. Um eine komplette Liste aufzuzeigen, bedarf es sicherlich eines eigenen Buches. So gibt es allein in China schon rund 300 Kampfstile und –systeme.

Name des Kampfstils/-systems	Herkunft
Ägyptischer Stockkampf	Ägypten
Aikidō	Japan
American Kenpo	ohne kulturellen Bezug
Arnis	Philippinen
Ba Duan Jin	China
Baguazhang	China
Baihequan	China
Bajiquan	China
Banshay	Myanmar
Bare-knuckle	Großbritannien/Irland
Baritsu	Großbritannien
Bassula	Angola
Bataireacht	Griechenland
Bâton français	Frankreich
Batuque	Brasilien
Binh Dinh	Vietnam
Boxen	Europa
Brasilianisches Jiu-Jitsu (BJJ)	ohne kulturellen Bezug
Bujinkan	Japan

• *Canne*	Frankreich
• *Capoeira*	Brasilien
• *Cuong Nhu*	Vietnam
• *Deutsche Fechtschule*	Deutschland
• *Donga-Kampf*	Surma-Volk (Äthiopien/Sudan)
• *Duala-Ringen*	Kamerun
• *Dumog*	Philippinen
• *El Matreg*	Algerien
• *Eskrima/Escrima*	Philippinen
• *Faustkampf*	Griechenland
• *Faustkampf* mit *Caestus*	Italien
• *Fechten*	Europa
• *Gambisches Wrestling*	Gambia/Senegal
• *Gjogsul*	Korea
• *Glíma*	Island
• *Gongkwon Yusul*	Korea
• *Haidong Gumdo*	Korea
• *Hangeomdo*	Korea
• *Hapkido*	Korea
• *Historische Kampfkünste Europas*	Europa
• *Hung Gar Kuen*	China
• *Huscarl*	Europa
• *Hwarang-Do*	Korea

- *Iaidō* — Japan
- *Jailhouse-Rock* — USA
- *Jeet Kune Do* — ohne kulturellen Bezug
- *Jōdō* — Japan
- *Jogo do pau* — Portugal
- *Judō* — Japan
- *Juego del Palo* — Spanien/Kanarische Inseln
- *Jūjutsu (Jiu-Jitsu)* — Japan
- *Ju-Jutsu* — Deutschland
- *Ju-Jutsu-Do* — Deutschland
- *Jūkendō* — Japan
- *K-1* — ohne kulturellen Bezug
- *Kalarippayat* — Indien
- *Kali* — Philippinen
- *Kali Sikaran* — ohne kulturellen Bezug
- *Kapfringen* — Deutschland
- *Karate* — Japan
- *Kempo* — ohne kulturellen Bezug
- *Kendō* — Japan
- *Kenpo Karate* — ohne kulturellen Bezug
- *Kickboxen* — ohne kulturellen Bezug
- *Kobudō* — Japan
- *Krabi Krabong* — Thailand

- *Krav Maga* — Israel
- *Kūdō* — Japan
- *Kuk Sool Won* — Korea
- *Kumdo* — Korea
- *Kung Fu To'A* — Iran
- *Kuntao/Kuntaw* — Borneo (Indonesien/Malaysia), Philippinen
- *Kushti* — Indien
- *Kwon Beop* — Korea
- *Kyeok Too Ki* — Korea
- *Kyūdō* — Japan
- *Lethwei* — Myanmar
- *Liu He Ba Fa* — China
- *Lóng Quán Kung Fu* — China, Deutschland
- *Luta du Bode* — Brasilien
- *Luta Livre* — Brasilien
- *Maculelê* — Brasilien
- *Mixed Martial Arts (MAA)* — ohne kulturellen Bezug
- *Mizongyi* — China
- *Moderne Schwertkunst* — Europa
- *Modern Sports Karate* — ohne kulturellen Bezug
- *Mongolisches Ringen* — Mongolei
- *Moringue* — Madagaskar/Mayotte/Réunion
- *Muay Thai* — Thailand

- *Muay Thai Boran*   Thailand
- *Mugai Ryū*   Japan
- *Naban*   Myanmar
- *Naginatadō*   Japan
- *Nam Hồng Son*   Vietnam
- *Nanbudō*   Japan
- *Nanquan*   China
- *NíGolo*   Bantu-Völker
- *Ninjutsu*   Japan
- *Okichitaw*   Kanada
- *Pale*   Griechenland
- *Panandikan/Sipaan*   Philippinen
- *Panantukan/Suntukan*   Philippinen
- *Pangai-noon*   China
- *Pankration*   Griechenland
- *Pencak Silat*   Indonesien, Philippinen
- *Peresean*   Indonesien
- *Pradal Serey*   Kambodscha
- *Quarupe*   Brasilien
- *Ranggeln*   Österreich
- *Ringen*   Italien
- *Sambo*   Russland
- *San Shou*   China

- *Savate* — Frankreich
- *Schwingen* — Schweiz
- *Shaolin Kempo* — China
- *Shaolin Kung Fu* — China
- *Shinson Hapkido* — Korea
- *Shorinji-Kempo* — ohne kulturellen Bezug
- *Shuaijiao* — China
- *Silat* — Borneo (Malaysia), Philippinen
- *Singlestick* — Großbritannien/Schottland
- *Sonmudo* — Korea
- *Ssireum* — Korea
- *Stenka* — Russland
- *Subak* — Korea
- *Sumō* — Japan
- *Svebor* — Serbien
- *Taekkyon* — Korea
- *Taekwondo* — Korea
- *Taijiquan* — China
- *Tang Lang Quan* — China
- *Tang Soo Do* — Korea
- *Thang Long* — Vietnam
- *Tjost* — Europa
- *Tongbeiquan* — China

- *Vale Tudo* — Brasilien
- *Varzesh-e Pahlavani* — Iran
- *Vo Dao Vietnam* — Vietnam
- *Việt Võ Đạo* — Vietnam
- *Vo Khi Dao* — Vietnam
- *Vo Thuat* — Vietnam
- *Vovinam* — Vietnam
- *Wenig Chun* — China
- *Wing Chun* — China
- *Wrestling* — ohne kulturellen Bezug
- *Wushu (Gong fu, Kung Fu)* — China
- *Xingyiquan* — China
- *Yabusame* — Japan
- *Yağlı güreş* — Türkei
- *Yaw-Yan* — Philippinen
- *Yingzhaoquan* — China
- *Yiquan* — China
- *Yoseikan* — Japan
- *Zui Quan* — China

Chinesische Kampfkünste

咏 春

Alle aus China stammenden Kampfstile (Kampfkünste und Kampfsportarten) werden auch als „Chinesische Kampfkünste" bezeichnet und oft als *Kung Fu, Wushu* (chin. 武術/武术, dt. „Kriegskunst"), *Quánfǎ* (chin. 拳法, <u>kant.</u> *Kuen Fat*, dt. „Methode der Faust", oder *Gúoshù* (chin. 國術/国术, dt. „Nationale Kunst") betitelt.

Dadurch, dass es chinesische Kampfstile schon mehrere Jahrhunderte gibt und ständig neue hinzukommen, spricht man heute von etwa 300 chinesischen Kampfkünsten, die waffenlos oder bewaffnete Techniken beinhalten.

Im Gegensatz zu den meisten westlichen Kampfstilen, dienen oder dienten die chinesischen Kampfkünste nicht nur der reinen Kriegskunst, sondern auch der Fitness, Gesundheit oder Meditation.

Äußere und innere Stile

Aufgrund der Herangehensweise im Training werden chinesische Kampfkünste oft nach den sogenannten äußeren und inneren Stilen eingeteilt.

Die sogenannten äußeren oder harten Stile (*Wai Gong* – „äußere Arbeit", chin. 外家拳, <u>Pinyin</u> *wàijiāquán*) fördern Geschwindigkeit, Geschicklichkeit und Abhärtung und sind auf den Angriff ausgerichtet.

Im Gegensatz dazu stehen die Inneren oder auch weichen Stile (chin. 內家拳, Pinyin *nèijiāquán*). Ihr Schwerpunkt liegt auf Unbeweglichkeit, Gleichgewicht, Entspannung und innerer Ruhe. Gegner sollen durch den Einsatz der inneren *Qi*-Kraft (*Nei Gong* – innere Arbeit) und die Kontrolle seiner Schwachpunkte besiegt werden.

Das Wing Chun kann in etwa 90 zu 10 eingeteilt werden, also 90% äußerer und 10% innerer Stil.

Nördliche und südliche Stile

Oft wird auch nach nördlichen und südlichen Kampfstilen unterschieden, da sich der Körperbau der chinesischen Bevölkerung von Nord nach Süd ändert.

Die Nördlichen zeichnen sich durch sehr kraftvolle und weit ausladende breite Stellungen aus, mit vielen Fußtechniken und Würfen.

Bei den südlichen Stilen gibt es mehr kurze Techniken mit den Armen und engere Stellungen. Hierzu zählt das Wing Chun.

Das Training

In der Regel starten in China schon Kinder im Alter unter fünf Jahren mit dem Training. Dennoch dauert es oft Jahrzehnte, bis der Schüler zu einem Meister seines Stiles gehört.

Am Anfang lernen die Schüler die Grundlagen des jeweiligen Kampfstils, wie Prinzipien, Stellungen, Ausdauer, Beweglichkeit, Muskelaufbau oder bestimmte Dehnungen.

Erst danach werden die erlernten Techniken mit ihren praktischen Anwendungen mit Partnern trainiert.

Als Abschluss eines Trainings wird der Freikampf angesehen.

Die Formen

Ein äußerst wichtiger Bestandteil eines Trainings chinesischer Kampfkünste, ist das sogenannte Formentraining (chin. 套路, Pinyin *Tàolù,* südchinesisch *Kuen*). Dieses soll dazu dienen, die einzelnen Techniken des jeweiligen Kampfstiles genau zu verinnerlichen, ohne dabei vom Kampf mit einem Partner/Gegner abgelenkt zu werden.

Formen werden anfangs sehr langsam geübt. Wenn die einzelnen Techniken in Fleisch und Blut übergegangen sind, wird das Tempo der Formen immer weiter gesteigert.

Weiterhin gibt es Formen, die mit mehreren Partnern eingeübt werden, oder welche, bei denen Waffen zum Einsatz kommen.

Auch in Kampfstilen anderer Länder gibt es Formen. Diese haben dort den Namen:

- *Hyeong, Poomse* oder *Tul* (in koreanischen Kampfkünsten),

- *Kata* (in japanischen Kampfkünsten, jap. 形/型, dt. „Form, Stil, Haltung" oder „Vorschrift, Schablone, Muster, oder Abdruck"),
- *Quyen* oder *Bai-Quyen* (in vietnamesischen Kampfkünsten),

Die Geschichte

Zur Zeit der „Streitenden Reiche", am Ende der *Zhou-Dynastie* (475-221 v. Chr.), wurden kriegerische Auseinandersetzungen als „Kunst" gesehen. Der bekannteste Vertreter dieser Zeit war der General Sunzi, der das heute noch bekannte Buch „Die Kunst des Krieges" verfasst hat. Damals wurden schlagkräftige Kampfstile entwickelt, die oft als einzige Ausrüstungen der Soldaten diente.

Während der Qin-Dynastie (221-207 v. Chr.) wurde das *Wushu* von daoistischen Priestern entwickelt. Seine Übungen sollten dem Erhalt des (Gleichgewichts mit dem Himmel" dienen.

In der Folgezeit wurden im *Wushu* die daoistische Philosophie und später der buddhistische Einfluss immer größer, so dass während der *Tang-Dynastie* (617-907) beide Einflüsse zu gleichen Teilen die Waage hielten.

Den wichtigsten Einfluss auf die Entwicklung chinesischer Kampfkünste hatte aber schon vorher die Ankunft des indischen Mönches Bodhidharma (chin. *Damo*). Er kam im Jahr 527 in das heute noch existierende Kloster *Shaolin* (13 Km nordwestlich der heutigen Stadt Dengfeng). Dort gründete er seine Schule des Chan-Buddhismus (jap. *Zen*). Er erkannte, dass sich die Mönche des Klosters in einem schlechten gesundheitlichen Zustand befanden und beschränkte seine Lehre so nicht nur auf den Geist, sondern entwickelte auch Techniken zur körperlichen Ertüchtigung. Diese wurden später immer mehr verfeinert und zum *Shaolin Kung Fu* weiterentwickelt.

Der Höhepunkt der Entwicklung fand in der *Tang-Dynastie* (618-907) statt, in der viele Kampfkunstschulen entstanden. Diese Schulen waren nicht nur Mönchen vorbehalten, sondern für Jedermann.

Am Ende der Tang-Dynastie folgten schwere Zeiten für den Buddhismus. Es gab Aufstände, Kriege und Unterdrückungen. Die Regierung machte die Klöster für diese Entwicklung verantwortlich und zerstörte etwa 4.500

buddhistische Klöster und rund 40.000 Tempel. Auch das *Shaolin*-Kloster wurde vor diesen Repressalien nicht verschont. Die Mönche, die vertrieben wurden oder fliehen konnten, trugen ihre Kampfkunst so in die Welt.

In der heutigen Zeit hat die Volksrepublik China die alten Kampfkünste zu einem Volksschatz und Kulturerbe wiederentdeckt.

Im Jahr 1959 wurde „Modernes *Wushu*" offiziell von der chinesischen Regierung anerkannt. In der folgenden Kulturrevolution (1966-1976) wurden jedoch die traditionellen Kampfkünste unterdrückt und deren Lehrer und Schüler staatlich verfolgt. Erwünscht war ausschließlich das „Moderne *Wushu*" des staatlichen *Wushu*-Verbandes. Die Konsequenz war, dass die alten Kampfkünste im Untergrund weitergegeben wurden und dass immer mehr Meister China verließen und so ihre Kampfkünste im Ausland verbreiteten. Nach dem Beenden der Kulturrevolution hat sich die Lage innerhalb Chinas entspannt und die traditionellen Kampfkünste werden auch wieder gefördert.

Durch die Flucht von Lehrern und Schülern in den 1960er und 1970er Jahren aus China, wurden die chinesischen Kampfkünste auch im Westen populär. Besonders dazu beigetragen, haben die Fernsehserie „*Kung Fu*" mit David Carradine in der Hauptrolle, der Kampfkünstler Chuck Norris und nicht zuletzt Bruce Lee, dessen perfekte Fähigkeiten bis heute seinen Ruf sichern. Diese Filmgattung hat die Bezeichnung „Eastern".

In den 1980er Jahren waren dies dann Filme, wie „Karate Tiger" oder „Karate Kid". Noch heute sorgen Jet Li oder Jackie Chan für Begeisterung auf den Kinoleinwänden.

Gebräuchliche Waffen

Viele der chinesischen Kampfkünste verwenden noch heute eine Vielzahl von verschiedensten Waffen:

- *Ch'iang* (Speer, chin. 槍/枪, Pinyin *Qiang*),
- *Chiu-Chieh-Pien* (9-Teile-Peitsche, chin. 九節鞭/九节鞭, Pinyin *Jiǔjié Biān*),
- *E-Mei-Tz'u* (Emei-Stichnadeln, chin. 峨嵋刺/峨眉刺, Pinyin *Éméicì*),

- *Jián* (chinesisches Schwert, chin. 劍/剑),
- *Kun* (Langstock, chin. 棍, Pinyin *Gùn*),
- *Kwantao/Ch'ing-Lung Yen-Yüeh-Tao* (Guan-Hellebarde/Guan-Glefe, chin. 青龍偃月刀/青龙偃月刀 oder 關刀/关刀, Pinyin *Guāndāo/Qīnglóng Yǎnyuèdāo*),
- *Liu-Hsing-Ch'ui* (Meteorhammer, chin. 流星錘/流星锤, Pinyin *Liúxīng-chuí*),
- *Piao* (Wurfeisen/Wurfpfeile, chin. 鏢/镖, Pinyin *Biāo*),
- *Pien* (Peitsche, chin. 鞭, Pinyin *Biān*),
- *San-Chieh-Kun* (Dreistock, chin. 三節棍/三节棍, Pinyin *Sānjié Gùn*),
- *Shan* (Fächer, chin. 扇),
- *Shuang-Chieh-Kun* (Nunchaku, chin. 雙節棍/双节棍, Pinyin *Shuāngjié Gùn*),
- *Sheng-Piao* (Pfeilspitze am Seil, chin. 繩鏢/绳镖, Pinyin *Shéngbiāo*),
- *Shuang-Kou* (Hakenschwerter, chin. 雙鉤/双钩, Pinyin *Shuānggōu*),
- *Tao* (chinesischer Säbel (chin. 刀, Pinyin *Dāo*),
- *Tuan-Kun* (Kurzstock, chin. 短棍, Pinyin *Duǎngùn*),
- *Teng* (Bank/Möbelstück, chin. 凳, Pinyin *Dèng*),
- *Yüeh-Ya-Ch'an* (Mondsichelschaufel, chin. 月牙鏟/月牙铲, Pinyin *Yuèyáchǎn*).

Die Bedeutung des Begriffes „Kung Fu"

咏 春

In der westlichen Welt wird der Begriff des *Kung Fu* (chin. 功夫, dt. „Etwas durch harte/geduldige Arbeit Erreichtes", chin. *Gōngfu*) oft als Bezeichnung für eine Vielzahl der chinesischen Kampfkünste verwendet.

Das Wort *Kung Fu* hat in der chinesischen Philosophie eine tiefgehende Interpretation und ist zusammengesetzt aus:

- *Kung/Gōng* = „Errungenschaft" und
- *Fu* = „Mensch".

Gōngfu ist im traditionellen chinesischen Sprachgebrauch nicht nur eine Bezeichnung für die Kampfkünste, sondern für jede Fertigkeit, die sich durch harte Anstrengung und konsequenter Hingabe erarbeitet wird und in der man es zu einer gewissen Meisterschaft gebracht hat. Dieses kann sich auf jede Tätigkeit beziehen und nicht nur auf das Kämpfen.

Der Begriff ähnelt dem Begriff des japanischen *Dō* (dt. „Weg/Pfad"). Dies ist auch ein Hinweis auf den Einfluss des *Dào* auf die Praxis der jeweiligen Disziplinen und auf die spirituellen Zusammenhänge.

Bekannt wurde das *Kung Fu* besonders in den 1970er Jahren durch Bruce Lee, der Fernsehserie *Kung Fu* mit David Carradine und nicht zuletzt durch die zahlreichen Eastern-Filme (Hong-Kong-Filme).

Um die Kampfkunst vom Kampfsport begrifflich zu trennen, wird inzwischen auch in China der Begriff *Kung Fu* für die Kampfkunst und *Wushu* für den Kampfsport vermehrt verwendet.

Warum ausgerechnet Kung Fu trainieren?

咏 春

Es gibt viele Gründe, sich für chinesisches *Kung Fu* zu entscheiden. Zwar existieren weltweit weitere unzählige Kampfstile, von denen auch die meisten ihre Daseinsberechtigung haben, aber Kung Fu ist für alle Menschen gedacht, ob sie nun alt oder jung, klein oder groß, dick oder dünn sind.

Während bei vielen weltweiten Kampfstilen entweder nur fest zugeschlagen wird oder sonst wie spezialisiert sind, bietet *Kung Fu* für jeden etwas. Formen beispielsweise werden zuerst langsam, später dann immer schneller und sicherer ausgeführt. Ebenso verhält es sich mit (fast) allen Techniken. Vieles ist locker und geschmeidig und so bei Bedarf schnellauszuführen. Und hier liegt der große Unterschied zu vielen Kampfstilen außerhalb Chinas. Europäer oder Amerikaner möchten sich meist nicht jahrelang mit wenigen Techniken begnügen, sondern erwarten von Anfang an Power.

Im *Kung Fu* wechseln sich stets langsame und schnelle Bewegungen ab. Anspannung folgt dem Lockeren. Genauso wie Yin und Yang.

Das Wing Chun bietet eine sehr große Bandbreite, um im Falle eines tatsächlichen Übergriffes angemessen handeln zu können, aber auch etwas für seinen Körper und Geist zu tun.

Gerade das Formentraining ist sehr wichtig für den späteren Kampf. Hier werden alle Bewegungen, bzw. Techniken, des Wing Chun durch den Schüler verinnerlicht.

Es wird auch oft bewusst auf Sandsäcke oder ähnliches Equipment verzichtet, sondern es wird (bis auf die Formen) ausschließlich mit einem Trainingspartner trainiert. Dieser wehrt sich oder bewegt sich dahin, wo es der andere nicht vermutet. Mit dieser Meinung werde ich bei Befürwortern anderer Stile mit Sicherheit Kopfschütteln oder ähnliches hervorrufen, aber so hat jeder Stil halt seine Vorlieben, Trainingsweisen oder Prinzipien.

Was ist Wing Chun?

咏 春

Wing Chun (chin. 詠春 / 咏春, dt. „schöner/ewiger Frühling") ist ein südchinesischer Kampfkunststil. In China wird dieser Stil mit dem Oberbegriff *Wushu*, im Westen mit dem Begriff *Kung Fu* bezeichnet.

Im deutschsprachigen Bereich wird Wing Chun in zahlreichen kommerziellen und nicht-kommerziellen Schulen, Verbänden und Vereinen gelehrt. Um sich von anderen Schulen und Vereinen abzugrenzen und aus markenrechtlichen Gründen, sind u.a. verschiedene Schreibweisen gebräuchlich: *Tao Concepts, Taonamics, Ving Chung, Ving Tsun (VT), Wing Chun (WC), Wing Chung, Wing Shun, Wing Tsun (WT), Wing Tsung, Wing Tzun* und *Wyng Tjun.*

Da es für die kantonesische Sprache bislang keine einheitlichen und überall anerkannten Transkriptionsregeln zur Übertragung in die lateinische Schrift gibt, existieren zahlreiche Schreibweisen für diese Kampfkunst, die sich aber in der Regel phonetisch sehr ähnlich sind.

Dieses Problem wurde vor allem in der jüngsten Zeit noch dadurch verstärkt, dass Wing Chun durch die zunehmende Popularität immer intensiver kommerzieller ausgebaut wurde und einige Schreibweisen in manchen Ländern sogar als Warenzeichen angemeldet wurden.

Aufgrund der im Folgenden erläuterten allgemeinen Charakteristik gilt Wing Chun bisweilen als der Stil der Meister des fortgeschrittenen Alters; diese konnten sich auf diese Weise gegen die jungen und rein körperlich überlegenen Meister behaupten.

Für einen Wing Chun-Kämpfer ist es unerheblich, welchen Stil der Aggressor hat. Jedoch ein Straßenkämpfer, der keinen bekannten Kampfstil hat, bzw. seinen eigenen freien Kampfstil entwickelt hat, wird am gefährlichsten eingestuft. Aus diesem Grunde lernt der Wing Chun-Kämpfer, sich so vor dem Angreifer zu positionieren, dass alle möglichen Angriffsvarianten des Gegners bereits im Vorfeld schon gestört werden. Es soll möglichst früh schon ein Körperkontakt mit dem Aggressor hergestellt werden. Im *Chi Sao*-Training lernen die Schüler, die Kraft des Gegners zu „erfühlen" und dementsprechend zu reagieren, um möglichst wenig darauf angewiesen zu sein, Angriffe optisch zu erkennen.

Wing Chun war ursprünglich eine Kampfkunst ohne Waffen. Im späten 17. Jahrhundert dieser *Kung Fu*-Stil jedoch noch um zwei Waffenformen erweitert (Historische Dokumente hierzu sind allerdings nicht überliefert): Langstock und Kurzschwerter.

Die Übungen und Formen wurden den Idealen des Wing Chun angepasst. So wurde beispielsweise der Aspekt der Zentrallinie in die Langstock-Form mit eingebracht.

Im Wing Chun wurden sämtliche Techniken auf ihre Wirkung hin maximiert. Die Bewegungen sind meist kurz und geradlinig. In der Regel wird nicht die starre Muskelkraft, sondern die Elastizität des eigenen Bewegungsapparates ausgenutzt. Dieses geschieht durch eine Kombination aus Gewichtsverlagerung (Schritttechniken) und spontaner schneller Streckbewegung (Peitschenkraft) mit einem relativ kleinen Anteil eigener Muskelkraft.

Ein typisches Element einiger Wing Chun-Stile sind die Kettenfauststöße. Ein geübter Wing Chun-Kämpfer kann davon 8-10 Schläge pro Sekunde(!) ausführen. Darüber hinaus entfalten alle Techniken erst in der Kombination miteinander ihre volle Wirkung, wobei es letztlich unerheblich ist, ob Fauststöße oder Handflächenschläge zum Einsatz kommen.

Die Kraft des Gegners wird durch Schritttechniken, bzw. Wendungen, neutralisiert und gegen ihn verwendet (Gleichzeitigkeit von Abwehr und Angriff). Der Angriff ist somit gleichzeitig die Verteidigung. Ein Schlag des Gegners wird so beispielsweise durch einen konternden Gegenschlag abgewehrt.

Wing Chun wird weiterhin durch seine Trittarbeit charakterisiert. Diese umfasst nur sehr wenige Grundtritte mit denen im Allgemeinen nur niedrige Ziele bis etwa zur Höhe der Hüfte angegriffen werden. Ziele dieser Tritte sind insbesondere der Unterleib, Ober- und Unterschenkel und das Kniegelenk des Gegners.

In der gesamten Geschichte des Wing Chun haben viele Lehrer immer wieder Weiterentwicklungen und Änderungen im Detail und im gesamten Ablauf eingeführt. In den verschiedenen Stilvarianten des Wing Chun existieren deshalb recht unterschiedliche Variationen von Formen und Bewegungsabläufen. Diese Unterschiede spiegeln natürlich auch unterschiedliches Verständnis und Interpretation der Prinzipien und Techniken wider.

Durch die Anpassungsfähigkeit dieser Kampfkunst werden auch heute noch Änderungen in der Ausführung vorgenommen. Hierzu gibt es jedoch

Meinungsverschiedenheiten bei den Anhängern der verschiedenen Stilrichtungen/Schreibweisen. Für fast jede Schule variiert beispielsweise bereits die erste Form in Ausführung und Schreibweise. Insider können an Details erkennen, bei wem der Schüler gelernt hat.

Eine besondere Charakteristik dieser Kampfkunst ist das Denken in Prinzipien. Diese können auch als Orientierungshilfen oder Weisungen bezeichnet werden. Ein entscheidender Vorteil ist die Allgemeingültigkeit und Übertragbarkeit der Prinzipien. Beachtet ein Wing Chun-Schüler diese Prinzipien, so verhält er sich auch in vollkommen unbekannten Situationen korrekt. Die folgenden Prinzipien stellen eine kleine, beispielhafte Auswahl dar, wie sie in unterschiedlichen Wing Chun-Stilen vorkommen können. Je nach Stil variieren diese Prinzipien jedoch stark untereinander. So lehrt beispielsweise das *Wing Tsun* folgende Prinzipien (*Kuen Kuits*):

Die Kraftprinzipien:
1. Befreie Dich von Deiner eigenen Kraft.
2. Befreie Dich von der Kraft Deines Gegners.
3. Nutze die Kraft des Gegners.
4. Füge Deine eigene Kraft hinzu.

Die Kampfprinzipien:
1. Ist der Weg frei, stoß vor.
2. Bekommst Du Kontakt, bleib kleben.
3. Ist der Gegner zu stark, weiche aus.
4. Weicht der Gegner zurück, folge.

Der Unterricht wird von Partnerübungen dominiert, bei dem die Trainingspartner bestimmte Bewegungsmuster eines Kampfes wiederholen. Je nach Erfahrung der Schüler variiert dabei Geschwindigkeit, Intensität und die Komplexität der Übungen bis hin zum Sparring/Freikampf. Das Ziel dieser Übungen ist es, dem Schüler durch langsame und sich immer wiederholende Bewegungsabläufe bestimmte Bewegungsmuster einzuschleifen. Im Ernstfall werden diese dann unbewusst abgerufen.

In Südchina wie auch in der ehemaligen Kronkolonie Hong Kong wurde Wing Chun traditionell ohne ein Graduierungssystem gelehrt. Der Unterricht erfolgte ohne feste Lehrpläne. Lehrergrade wurden zuerst in Hong Kong eingeführt, Schülergrade in Europa. Seit dieser Zeit existieren auch feste Lehrpläne. Über den Sinn und Zweck der Graduierungen bestehen unterschiedliche Auffassungen. Deshalb existieren diese auch nicht in allen Vereinen und Verbänden.

„80% einer Kampfkunst ist etwas,
was man nicht sofort erblicken kann."

(Guido Sieverling)

Die Geschichte des Wing Chun

咏 春

Zur Entstehungsgeschichte des Wing Chun existieren verschiedene Überlieferungen. So gibt es beispielsweise eine Version der Entstehungsgeschichte, in der sich einige sehr gute Kämpfer im alten China in einem Kloster in der Halle des „schönen Frühlings" (chin. *Weng Chun Tong*) trafen und dort zusammen diesen Kampfstil entwickelten.

Die jedoch am weitesten verbreitete Entstehungsgeschichte beruht auf mündlicher Überlieferung. Während der *Qing*-Dynastie (1662-1722) waren die *Shaolin*-Mönche aufgrund ihrer Kampfkunst derart berühmt, dass sich der damalige Kaiser Kangxi große Sorgen um seinen Einfluss machte. So beschloss er, die Mönche zu töten und das (südliche) *Shaolin*-Kloster zu vernichten. Dies misslang, da die Mönche starken Widerstand leisteten. Der Beamte Chan Man Wai wollte sich einen Namen verschaffen und schmiedete einen Plan, für den er sich u.a. mit Ma Ning Yee verschwor, welcher das Kloster von innen heraus in Brand setzte. Dabei kamen die meisten Bewohner des Klosters ums Leben. Die buddhistische Meisterin Ng Mui, der Abt des Klosters Meister Chi Sim mit den meisten Schülern, Meister Pak Mei, Meister Miu Hin und Meister Fung To Tak konnten entkommen. Sie waren die Führer der fünf *Shaolin*-Stile und wurden die „Fünf Älteren" genannt.

Nach der Zerstörung des südlichen *Shaolin*-Klosters trennten sich die Überlebenden. Sie hoffen auf dieser Weise der Mandschu-Regierung leichter entkommen zu können. Meister Chi Sim nahm eine Tarnidentität als Koch auf einer „Roten Dschunke" an. So wurden seinerzeit die Transportschiffe einer Operntruppe bezeichnet, die üblicherweise mit roter Farbe gestrichen und mit bunten Fahnen geschmückt waren.

Die Nonne Ng Mui ließ sich dagegen im „Weißer-Kranich-Tempel" am Tai-Leung Berg nieder. Dort konnte sie sich dem Chan und der Kampfkunst widmen. Auf einem Marktplatz des nahen Dorfes lernte Ng Mui ein junges Mädchen namens Yim Wing Chun und dessen Vater Yim Lee kennen, welche dort Tofu verkauften. Die beiden waren aus ihrer Heimat in der Provinz Kwantung geflüchtet, da Yim Lee unschuldig in eine Gerichtssache verwickelt war, die ihn das Leben hätte kosten können. Als ehemaliger Schüler des *Shaolin*-Klosters hatte er einige Kampftechniken erlernt und sorgte in seiner ehemaligen Heimat für Gerechtigkeit. Die daraus resultierenden Schwierigkeiten zwangen ihn, seine Heimat zu verlassen und sich am Tai-Leung Berg nieder-zulassen. Der Legende nach wurde die Kampf-kunst nach Yim Lees Tochter benannt. Die heranwachsende Yim Wing Chun zog den im Ort als einen notorischen Schläger bekannten Wong der-art an, der um ihre Hand anhielt. Doch sie war bereits als kleines Kind Leung Bok Cho, einem Salzkaufmann aus Fujian, versprochen worden. Trotzdem schickte Wong einem Boten, der Yim Wing Chun eine Frist setzte und außerdem drohte, Gewalt anzuwenden, falls sie sich ihm verweigerte.

Vater und Tochter lebten von nun an in großer Sorge, da niemand im Dorf Wong, dem Kampfkünstler und Mitglied einer Geheimgesellschaft, ge-wachsen war. Ng Mui erkannte als regelmäßige Kundin, Yim Lees große Sorgen. Dieser erzählte Ng Mui von Wong. Ng Mui beschloss, Yim Wing Chun zu helfen. Sie wollte Wong allerdings nicht selbst bestrafen, da dadurch höchstwahrscheinlich ihre Tarnidentität aufgehoben worden wä-re. Außerdem betrachtete sie den Kampf zwischen ihr, der Meisterin aus dem *Shaolin*-Kloster und einem Dorfschläger als unfair und ruhmlos. Aus diesem Grunde brachte sie Yim Wing Chun ihre neue Kampfkunst bei und benannte diese auch nach der jungen Frau.

Nach nur drei Jahren Privatunterricht hatte sie das System gemeistert. Ng Mui schickte sie nach der Ausbildung zurück zu ihrem Vater. Kaum dort angekommen, wurde sie wieder von Wong bedrängt. Doch dieses Mal for-derte sie ihn zum Kampf heraus. Der Schläger war sich seines Sieges sicher und willigte der Herausforderung ein. Er hatte sich allerdings gewaltig getäuscht, denn Yim Wing Chun schlug ihn zu Boden.

Nachdem sie den Schläger besiegt hatte und dieser daraufhin von ihr ab-ließ, setzte sie ihr Training fort. Als Ng Mui beschloss weiterzureisen, er-mahnte sie Yim Wing Chun, einen würdigen Nachfolger zu finden. Diese Mahnung wurde auch von den nachfolgenden Generationen befolgt.

Im alten China wurde das Wing Chun in einem familiären Charakter je-weils von Lehrer zu Schüler weitergegeben. Der Lehrer, der die persönliche Verantwortung für die gesamte Ausbildung der Schüler hatte, wurde als „Vater-Lehrer" (chin. *Sifu*) angesehen. Der Unterricht fand gegen Bezah-lung oft im Wohnhaus des Lehrers statt, eine persönliche Bindung zwi-schen Lehrer und Schüler, mit bestimmten gegenseitigen Verpflichtungen, war die Regel.

Später wurden in Hong Kong die ersten öffentlichen Schulen gegründet. Seitdem nahm der Wing Chun-Unterricht immer stärker einen kommerziellen Charakter an.

Als Großmeister Yip Man im Alter von 77 Jahren (1893-1972) starb, ohne einen Nachfolger zu benennen, begann ein Streit um seine Nachfolge. Einige seiner ehemaligen Schüler propagieren seitdem ihren gezeigten Stil als das „echte" Wing Chun.

In der heutigen Zeit hat sich der Wing Chun-Lehrer zu einem renommierten Berufszweig entwickelt, besonders in Deutschland fand eine starke Kommerzialisierung des Wing Chun statt. Verbände entstanden, in diesem Zuge aber auch in anderen bis dahin gemeinnützigen Kampsportarten und man unterscheidet seitdem in Schulen Sportvereine angeschlossen sind mit breitensportlicher Ausrichtung gegenüber Profiverbände, bei denen der Trainer hauptberuflich unterrichtet.

Im Gegensatz zu vielen anderen Sportarten gibt es derzeit keinen Wing Chun-Dachverband, sondern zahlreiche konkurrierende Schulen und Verbände. Die meisten treten dabei nicht in der Rechtsform von Vereinen auf, die sich freiwillig zu einem Verband zusammengeschlossen haben, sondern als strukturierte Organisationen, in denen assoziierte Schulen eingegliedert sind. Diese Schulen werden vom Verbandsgründer autorisiert und zertifiziert. Es gibt sogar Verbände, die in einer Art Franchise-System organisiert sind.

In einigen Verbänden werden in Anlehnung an das früher übliche Familiensystem Gehorsam und Verpflichtungen gegenüber dem Lehrer (*Sifu*) und dessen Lehrern (chin. *Sigung, Sijo*) betont. Diese sind jedoch an der Ausbildung ihrer Schüler nur noch selten direkt beteiligt.

In einigen Verbänden werden neben der Kampfkunst Wing Chun auch noch weitere Inhalte vermittelt. Häufig gehören dazu die philippinische Kampfkunst *Eskrima* oder eigene Kombinationen oder Neuentwicklungen mit anderen Kampfsystemen. Es gibt auch Systeme mit philosophischen, esoterischen und medizinischen Sparten.

Die sechs Formen des Wing Chun

咏 春

Die ersten Grundlagen des Wing Chun-Schülers werden in den Formen erlernt und geübt. Diese Formen sind festgelegte Abfolgen von verschiedenen Techniken, die jeder Schüler allein ausführt. Die Formen in den chinesischen Kampfkünsten entsprechen in etwa dem, was in den japanischen Kampfkünsten als *Kata* bekannt ist. Die verschiedenen Formen des Wing Chun bauen aufeinander auf. Seit Jahrhunderten ist der Ablauf der Formen überliefert. Wing Chun beinhaltet folgende sechs Formen:

1. *Siu Lim Tao / Siu Nim Tao* (dt. „die kleine Idee"): Es werden die grundlegendsten Armtechniken isoliert für sich oder in einfachen Kombinationen geübt. Ein wichtiger Aspekt hierbei ist die Haltung und das Verhältnis von Spannung und Entspannung. Beintechniken kommen hier ausschließlich in Form eines stabilen Standes vor.

2. *Cham Kiu / Chum Kiu* (dt. „eine Brücke bauen / suchende Arme"): Diese Form beinhaltet Basistechniken mit ersten Fußtechniken. Hier werden verschiedene Techniken in Kombination geübt, insbesondere das Zusammenspiel von beiden Armen, Schritttechniken und Beintechniken.

3. *Biu Tze / Bju Tse* (dt. „stoßende Finger"): Diese Form wird bisweilen als Notfall-Form bezeichnet. Hier werden Techniken erlernt, um aus ungünstigen Kampfpositionen in aussichtsreiche zurück zu gelangen.

4. *Mok Jan Jong / Mok Jan Chong* (Holzpuppe): Die Holzpuppe dient als Ersatz für einen Trainingspartner und zum intensitätsorientierten Training. Bewegungen werden hier einstudiert und Fehler beseitigt.

5. *Luk Dim Ban Kwun / Luk Dim Bun Guan* (Langstock): Der Sinn der Langstock-Form ist unter anderem, die Hüfte zu stabilisieren und Fauststöße hart zu machen. Der aus massivem Holz gefertigte Langstock besitzt eine Länge von 2,5 Metern. Der Körper des Trainierenden wird hier bis an die Grenzen des Erträglichen belastet. Tiefe Stände und immer anspruchsvoller werdende Übungen lehren den Schüler die Sinne zu schärfen, den Hochmut zu zügeln sowie das Erlernte weiter zu vertiefen.

6. *Bart Cham Dao / Pa Cham Dao* (Doppelkurzschwerter, Doppelmesser oder Schmetterlingsmesser): Die Kurzschwerter sind der krönende Abschluss der Wing Chun-Formen. Sie sind Abschluss und Neuanfang zugleich. Alles Erlernte wird vertieft.

Wie soll ich trainieren?

咏 春

Viele Leute trainieren ausschließlich in den Trainingsräumen ihrer Wahl. Daran ist auch gar nichts auszusetzen. Wer jedoch höhere Ziele verfolgt, der kommt um zusätzliches Training nicht herum. Man spricht davon, dass eine Perfektion erst ab 10.000 Stunden erreicht werden kann. Dies gilt für alles, nicht nur für die Kampfkunst. Was bedeutet das nun für uns?

Um die Kondition zu verbessern, kann ein bis zwei Mal in der Woche locker gejoggt werden, ohne anfangs unerreichbare Ziele zu verfolgen. Ich spreche hier nicht von 10 oder mehr Kilometern. Nein, um anzufangen, genügt erst einmal um den heimischen Wohnblock. Wem das zu wenig ist, oder wer seine Leistung steigern möchte, der joggt beim nächsten Mal beispielsweise zum Baum in weiterer 100 Metern Entfernung und danach bis zur dahinterliegenden Straße. So lässt sich die Leistung immer weiter steigern. Wer nun sagt, er hätte dazu überhaupt keine Zeit, es muss aber auch nicht jeden Abend eine Sitcom mit Chips sein, oder?

Wer Formentraining in seiner Schule trainiert, kann dies auch sehr gut zu Hause machen. Auch andere Techniken können so geübt und verinnerlicht werden. Es ist einfach unmöglich, beim ersten Mal alles richtig auszuführen. Bei jedem Mal Üben nähert man sich aber immer mehr dem Idealzustand an. Jeden Tag mindestens 10-15 Minuten trainieren sind ideal. Gerade das *Chénggōng Kung Fu* mit seinen insgesamt über 350 Techniken und seinen drei Formen mit Ihren 150-200 Bewegungen bietet sich gerade dazu an. Versuchen Sie es einfach einmal zu Hause. Wenn der innere Schweinehund erst einmal überwunden wurde, ist es gar nicht so schwer, wie man zuvor dachte.

Falsch machen kann man am heimischen Kampftraining indes nichts, höchstens ineffizienter oder umständlicher als in der Schule. Wer aber beständig an sich arbeitet, der wird mit der Zeit jedoch immer besser und besser. *Kung Fu* bedeutet nun einmal „harte Arbeit". Nichts kommt von ungefähr. Und sollte doch einmal etwas falsch verstanden oder falsch trainiert worden sein, so kann dies beim nächsten Besuch der Schule besprochen und richtig trainiert werden.

Vielleicht ist es Ihnen auch möglich, einen Trainingspartner für zu Hause zu finden. So können die zuvor in der Kampfkunstschule erlernten Techniken immer weiter verbessert werden.

Trainieren Sie so oft es geht mit Partnern, die Ihnen nicht so gut „liegen". Hierdurch wird Ihr Können Ihre Flexibilität immer gefordert werden. Seien Sie Ihren Trainingspartnern dankbar, wenn diese Sie treffen. Denn hierdurch werden Ihre Schwächen erkennbar. Aus Fehlern können wir nun einmal lernen.

Trainieren Sie locker und nicht verkrampft. Jede Anspannung lässt Sie und Ihre Gliedmaßen langsam werden. Seien Sie immer neugierig und hinterfragen Sie alles.

In diesem Buch lernen Sie eine Vielzahl von Techniken kennen. Jetzt müssen Sie diese auch in die Tat umsetzen. Nein, keine Angst, sie brauchen nicht auf die Straße gehen und Pöbeleien anfangen. Es genügt auch, mit einem oder mehreren Partnern zu trainieren. Das Training könnte wie folgt aussehen:

Am Anfang nehmen Sie sich einen Trainingspartner und trainieren in mehreren Runden zu je einer Minute, in der zuerst der eine, dann der andere Partner angreift. Setzen Sie sich mit den im Buch gelernten Techniken zur Wehr. Aber noch einmal der Hinweis: Bitte nicht feste drücken oder schlagen! Die Techniken werden anfangs nach Absprache gemacht. Später können Sie nach Lust und Laune herumexperimentieren. Es können Schläge, Tritte oder Grappling-Angriffe mit anschließender Bodenverteidigung stattfinden. Die Verteidigung kann dann auch frei gewählt werden. Probieren Sie es aus. Sie werden sehen, mit fortschreitendem Training funktioniert es immer besser.

Sollten Sie auch dies beherrschen, dann nehmen Sie sich einen oder zwei weitere Trainingspartner mit hinzu. Diese greifen zuerst abwechselnd an. Sie werden spätestens dann sehen, dass jeder Mensch eine andere Schmerztoleranzgrenze besitzt und/oder anders auf Vitalpunkte reagiert. Die Dauer einer jeden Runde können Sie auch variieren. Spätestens dann sind Sie auf dem besten Weg, ein Fortgeschrittener oder später sogar Meister des *Chénggōng Kung Fu* zu werden. Bis dahin ist es zwar ein weiter und manchmal auch ein schmerzvoller Weg, aber er ist machbar!

Variieren Sie, testen Sie und experimentieren Sie. Bauen Sie es in Ihre Kampfkunst ein, falls Sie schon eine betreiben. Es spricht nichts dagegen.

Wichtig sind die Kontinuität und der Spaß am Training!

„Andere zu besiegen erfordert Kraft.
Sich selbst zu besiegen erfordert Erleuchtung.“

(Laotse)

Begriffe und Beispieltechniken des Wing Chun

咏 春

Bil Sao

Bil Sao (dt. „Außenarm", „Außenhand") ist eine der Bewegungen, um auf die Außenseite des Gegners zu kommen. Ist dies geglückt, so kann von hieraus mit dem Gegenangriff begonnen werden, wie beispielsweise den Arm hebeln, mit der freien Hand die Rippen oder das Gesicht attackieren, oder durch den Gegner „hindurch laufen".

Bong Gerk

Der *Bong Gerk* (dt. „Abwehr mit dem Schienbein nach Innen") wird dazu benutzt, einen gegnerischen tiefen Tritt abzuwehren. Dieser darf allerdings nicht aus der Distanz nach uns getreten werden, da sich hierdurch eine größere Trefferenergie aufbaut und unser Schienbein so verletzt werden kann. Vielmehr werden durch den *Bong Gerk* kurze Tritte gegen unser Schienbein abgewehrt, wenn sich der Gegner näher an uns befindet.

Bong Sao

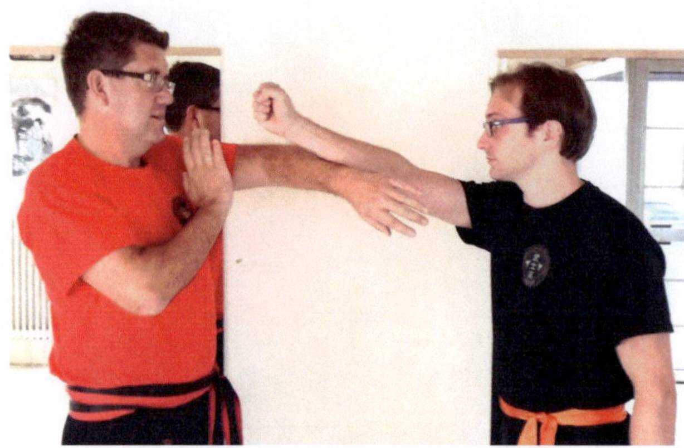

Leider wird oft die *Bong Sao*-Bewegung (dt. „Drachenflügel" oder „Schwingenarm") in diversen Kampfstilen unterschätzt und dementsprechend im Training vernachlässigt. Nicht so im Wing Chun.

In der Ausführung existieren jedoch stilspezifische Variationen. Während der *Bong Sao* bei vielen Kampfstilen in verschiedenen Winkeln ausgeführt wird, wird er im Wing Chun in einem 2/3-Winkel ausgeführt. Hierdurch wird eine hohe Stabilität des Armes erreicht. Auch Frontkicks können mit einem tiefen *Bong Sao* und einer Körperdrehung an uns vorbeigeleitet werden.

Chang Sao

Der *Chang Sao* (dt. „Speerhand" oder „Spatenhand") wird je nach Wing Chun-Stilrichtung kaum bis oft verwendet.

Mit dieser Bewegung ist es dem Ausführenden möglich, je nach Anwendung auf die Innenseite oder auf die Außenseite des Gegners zu kommen. Bevorzugt wird im Wing Chun ganz klar die Außenseite. Wenn die Innenseite genommen wird, dann auch nur, um durch Folgetechniken durch den Gegner „hindurch zu gehen" und ihn so ständig in Bedrängnis zu bringen.

Chi Sao

Bei *Chi Sao* (chin. 黐手, jap. *Kakie*, dt. *„klebende Arme/Hände"*) handelt es sich um eine Partnerübung, die zur Sensibilisierung dient und vor allem in diversen chinesischen Kampfstilen Anwendung findet. Einige dieser Kampfstile betrachten das *Chi Sao* als essentiell.

Die taktilen Reflexe sensibilisieren das Gespür für Lücken in der gegnerischen Abwehr, wodurch auch das aktive Provozieren von Fehlern beim Gegner ermöglicht wird. Das *Chi Sao* ist keine eigenständige Technik für den freien Kampf, sondern nur ein Trainingsmittel.

Die Besonderheit des *Chi Sao* ist, dass der Trainierende von den langsameren visuellen Reflexen weg zur reinen Wahrnehmung hin erzogen wird. Es wird davon ausgegangen, dass es in der Nahdistanz, die oft auch als „Trainingsdistanz" bezeichnet wird, nicht mehr rechtzeitig möglich ist, gegnerische Aktionen visuell zu erfassen und dementsprechend abzuwehren. Durch das *Chi Sao* wird der Kontakt zum Gegner ausgenutzt, um dessen Aktionen sofort zu erkennen und dementsprechend zu reagieren.

Beim *Chi Sao* stehen sich zwei Trainingspartner gegenüber und nehmen mit den Armen Kontakt zueinander auf. In der Regel wird dann mit festgelegten Anfangsbewegungen begonnen. Später wird dann zu einer freien Anwendung verschiedener Techniken übergegangen. *Chi Sao* kann entweder als feste Folge von Techniken mit verschiedenen Übergängen trainiert werden, die dann frei variiert werden können, oder es wird das sogenannte *Go Sao* trainiert, welches eine Art Sparring auf *Chi Sao*-Distanz darstellt. Beim *Go Sao* gibt es keinerlei Regeln zu Abläufen. Es ist ein freier Kampf in der Nahdistanz.

Ein Ziel im *Chi Sao* ist es, allen Arm und Handbewegungen des Partners zu folgen und diese zu spüren (und dies mit möglichst geringer Kraftanwendung). Ebenso werden die Körperspannung, Statik und Dynamik, sowie der Geist gestärkt.

Einige Schulen aus Okinawa setzten, die dort *Kakie* genannte Übung, auch zur Abhärtung des Körpers ein.

Durch das *Chi Sao* sollen Aktionen des Gegners besser erkannt und gefühlt werden, ebenso dessen Lücken und Schwachstellen. Je mehr der Trainierende diese Reize, bzw. das Gefühlte, verinnerlicht, desto weniger ist er später auf visuelle Informationen angewiesen.

Dan Chi

Chi Sao mit einem Arm wird im Wing Chun *Dan Chi* oder *Chi-Dan-Sao* genannt. Durch diese Übung ist es dem Ausführenden möglich, kleinste Abweichungen durch den Druck des gegnerischen Arms zu spüren und dies für seinen Vorteil auszunutzen.

Die Distanz wird so gewählt, dass der Partner nicht getroffen werden kann. Der Schüler muss sich nicht auf beidarmige Techniken konzentrieren, sondern nur auf einen Arm. Es geht hierbei auch nicht um den Kraftaustausch, sondern um fühlen und reagieren. Durch *Dan Chi* kann das Training noch abwechslungsreicher und effektiver gestaltet werden.

Fak Sao

Der berühmte Handkantenschlag. In dieser Bewegung steckt sehr viel Kraft, da nur mit den Handkanten getroffen wird.
Der *Fak Sao* (dt. „Peitschenarm") kann wie folgt ausgeführt werden:
- nur mit der Bewegung des Unterarms,
- mit Bewegung des kompletten Arms, wie auf dem Bild zu sehen,
- oder noch zusätzlich mit Drehung des Körpers, um so dessen Masse mit in den Schlag zu legen.

Der *Fak Sao* kann in vielerlei Hinsicht eingesetzt werden, mit einer Hand oder mit beiden Händen, aber auch zur Seite, wenn beispielsweise ein Kampf mit mehreren Gegnern ausgetragen wird.
Getroffen wird mit der Handkante auf der Außenseite unserer Hand. Um unsere Finger nicht zu verletzen, drehen wir die Hand entweder leicht, so dass nur die Handkante trifft, oder wir spannen die Finger dabei fest an.

Fook Sao

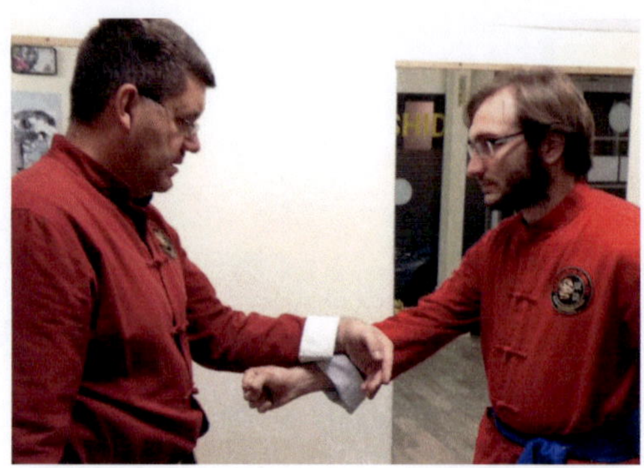

Der *Fook Sao* (dt. „Brückenarm" oder „sich beugende Hand") ist keine reine Kampftechnik, sondern dient dazu, den Kontakt mit dem gegnerischen Arm herzustellen, also eine Brücke zu bilden. Die angreifende tiefe Gerade kann so kontrolliert oder mit *Huen Sao* abgelenkt werden.

Front-Kick

Der Front-Kick (kor. *Ap chagi*, jap. *Mae-geri*) ist einer der meist benutzten Kicks während eines Kampfes. Dieser Stoßtritt ist in den meisten Kampfkunst- und Kampfsportstilen anzutreffen. Er dient dazu, Knie, Oberschenkel, Rumpf oder Kopf des Gegners zu treffen.

Vom Ablauf her wird zuerst das Knie des hinteren Beines hochgezogen. Um eine eigene Verletzung zu vermeiden, ist möglichst darauf zu achten, dass beim Hochziehen des Knies die Zehen angespannt und das Sprunggelenk versteift wird. Anschließend wird das hochgezogene Bein katapultartig nach vorne gestoßen. Um einen möglichst hohen Effekt zu erzielen, sollte die eigene Hüfte dabei vorgeschoben werden, so dass man in eine leichte Rückenlage kommt. Getroffen wird mit dem Fußballen oder der gesamten Schuhsohle.

Nach erfolgtem Kick wird das Knie wieder auf dem gleichen Weg in Richtung der eigenen Brust gezogen und das Bein kontrolliert abgesetzt. Ein unkontrolliertes vorderes Absetzen ist zu vermeiden, da sich sonst der eigene Körper in Richtung Gegner bewegt.

Gan Sao

Der *Gan Sao* (dt. „schneidender Arm") dient dazu, Angriffe des Gegners von seiner eigenen Körpermitte abzulenken. Gezeigt werden hier *Tan Sao* (oben) und *Gan Sao* (unten).

Durch die tiefe Stellung unseres Armes ist es uns möglich tiefe Geraden und Tritte des Gegners entgegenzuwirken. Bei Letzteren ist es egal, ob dies Frontkicks oder Roundhouse-Kicks sind.

Gum Sao

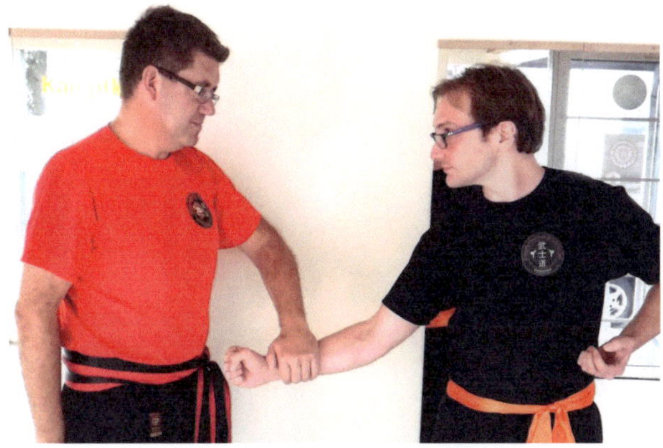

Der *Gum Sao* (dt. „tiefer Arm" oder „drückender Arm") ist eine reine Abwehrbewegung, um tiefe Schläge des Gegners abzufangen.
Von der Körpermechanik her klappt der Verteidiger seinen Arm herunter und hält den gegnerischen angreifenden Arm fest. Wichtig ist, dass der Arm nicht weggeschlagen wird, um dem Gegner keinen Impuls zu geben.

Halbkreiskick

Der Halbkreiskick wird mit dem hinteren Bein ausgeführt und soll den Gegner auf seine Seite treffen, d.h. Knie, Oberschenkel, Rippen oder Kopf. Unser gesamtes Bein wird dabei kurz vor dem Auftreffen versteift, damit die Energie am größten ist.

Der Ausführende hat die Möglichkeit, entweder den gegnerischen Körper auf der Seite des tretenden Beines zu treffen oder aber sein Bein gegen die diagonale Seite des Gegners zu schwingen.

Zum anfänglichen Üben geht man am besten wie folgt vor: Der Trainingspartner hält eine kleine Pratze in unserer Hüfthöhe. Wir nehmen nun unser hinteres Bein und führen es mit Schwung über die kleine Pratze auf die andere Seite und anschließend wieder zurück. Der Trainingspartner kann unsere Gelenkigkeit fördern, indem er die Pratze immer höher hält. Für das Trainieren von Schnelligkeit zieht er die Pratze wieder zurück und bewegt diese unregelmäßig wieder nach vorne, damit wir einen schnellen Halbkreiskick ausführen. Fortgeschrittene Schüler halten eine große Pratze auf Ihre Körperseite, während der Trainingspartner so intensiv wie möglich davor tritt.

Huen Sao

Die *Huen Sao*-Bewegung (dt. „Zirkelhand") wird dazu benutzt, um entweder auf die Innen- oder Außenseite des Gegners zu gelangen. Es wird dabei ausschließlich das Handgelenk gedreht, so dass der *Huen Sao* wie die Haltung einer Gottesanbeterin aussieht.

Eingesetzt werden kann *Huen Sao* bei allen Bewegungen des Gegners, wie beispielsweise Geraden, Schwingern, oder aber auch bei Tritten.

Die *Huen Sao*-Hand dreht die angreifenden Arme oder Beine des Gegners von uns weg, so dass kein Treffer zustande kommen kann und wir sofort mit unserem Gegenangriff beginnen können.

IRAS

Der IRAS (engl. „internal rotated adduction stance", kant. *Yee Jee Kim Yeung Ma*, dt „Innerer rotierender Adduktoren-Stand") ist eine Übungs-Grundstellung im Bereich des Wing Chun. Die Fußspitzen werden dabei nach innen gedreht und Spannung zur vertikalen Körperachse hin aufgebaut.

Um eine korrekte Ausführung zu gewährleisten, stehen wir anfangs mit nebeneinander geschlossenen Füßen. Nun ballen wir unsere Hände zu Fäusten und legen diese, je nach Wing Chun-Stil links und rechts an unsere Hüfte oder unserem Brust-Bereich. Anschließend drehen wir unsere Fuß-spitzen zuerst 45 Grad nach außen (V-Stellung), belasten dann leicht unsere Fußballen und drehen anschließend unsere Hacken nach außen. Als letztes gehen wir leicht in die Hocke. Der Rücken und der Kopf bleiben dabei stets aufrecht.

Der Sinn des IRAS ist unter anderem das „sich bewusst machen", also der sogenannten „Achtsamkeit". Wir stellen uns bewusst hin, wir kontrollieren bewusst, wir stehen bewusst und nehmen bewusst die Spannungen wahr.

Jip Sao

Der *Jip Sao* (dt. „Doppelhand") dient dazu, gegnerische Ellenbogengelenke entweder zu hebeln, überdehnen oder zu brechen. Er kann sowohl von innen oder von außen angewendet werden.

Jum Sao

Mit dem *Jum Sao* (dt. „sinkender Ellenbogen") können tiefe Geraden, bzw. Haken abgewehrt werden.

Es gibt zwei Arten des *Jum Sao*:

- wir „hacken" von oben auf den gegnerischen Unterarm oder sein Handgelenk, um dem Gegner Schmerzen zuzufügen, oder
- wir wenden dabei und gleiten so aus der gegnerischen Kraftquelle heraus. Dem Gegner werden so keine Schmerzen zugefügt.

Jut Sao

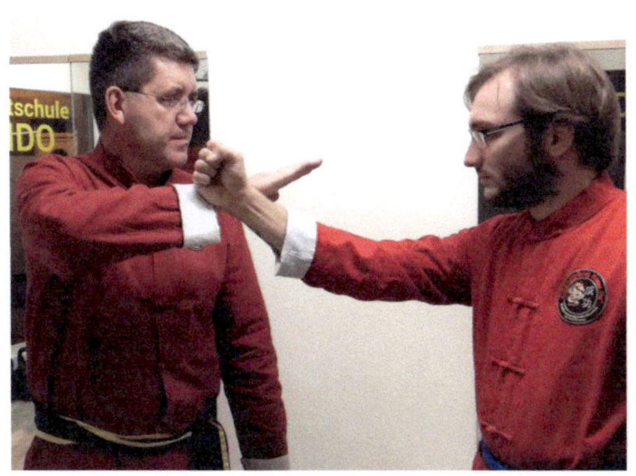 

Der *Jut Sao* (dt. „abgleitender Arm" oder „Schockhand") lässt den gegnerischen Angriff in eine andere Richtung abgleiten.

Der Wing Chun-Kämpfer versucht dabei, seine Fingerspitzen in Richtung der gegnerischen Zentrallinie zeigen zu lassen und seine Ellenbogen nach außen.

Kau Sao

Soll der Gegner an einem Arm oder an beiden auf uns zu oder an uns vorbeigezogen werden, kann der *Kau So* (dt. "Zirkelarm") eingesetzt werden.
Unsere Hand/Hände wird/werden dazu von oben auf die gegnerischen Arme oder Handgelenke gelegt, festgehalten und gezogen.
Diese Technik sollte allerdings nur ein geübter Wing Chun-Kämpfer anwenden. Der Grund ist der, dass ein trainierter Gegner eventuell noch seinen Ellenbogen gegen uns einsetzen, oder uns mit seiner Schulter wegstoßen kann.

Kuen Sao

Der *Kuen Sao* ist der Fauststoß im Wing Chun. Die Bewegung wird allerdings nicht so ausgeführt, wie beispielsweise beim Boxen. Unsere Faust wird dabei senkrecht gehalten und nicht gedreht, was der normalen Körperhaltung entspricht.

Es wird auch nicht von außen geschlagen, sondern wie folgt: Unsere Faust wird zuerst in Richtung unseres Solarplexus bewegt und von dort auf einer geraden Linie zum Gegner geschlagen.

Sehr schnell hintereinander geschlagene Kuen Sao, werden „Kettenfauststöße" genannt. Hat die erste Faust getroffen, so wird diese ein Stück nach unten bewegt. Währen die andere Faust nach vorne schnellt und die gleiche Stelle trifft, wie die erste, wird die erste Faust ruckartig zurückgezogen. Allerdings immer nur bis zum eigenen Ellenbogen zurück. Dann geht es mit dem Faustwechsel wieder von vorne los.

Die Fäuste treffen in Serie, also als „Kette" den Gegner. Von der Seite aus betrachtet, kann das Aussehen der Schläge auch als Fahrradkette bezeichnet werden.

Sehr geübte Kämpfer schaffen acht bis zehn Kettenfauststöße in der Sekunde (!). Eine solche Menge von Schlägen kann der Gegner nur sehr schwer abwehren. Ein Schlag kommt immer durch.

Lak Sao

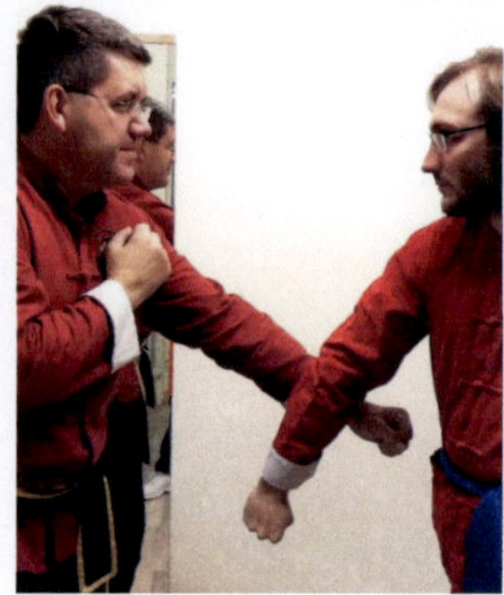

Der *Lak Sao* (dt. „rotierende Arme") ist keine reine Technik für den realen Kampf, sondern eine Partnerübung, die auf Geschwindigkeit ausgelegt ist. Es gibt insgesamt sechs Angriffe und Abwehren, die immer abwechselnd ausgeführt werden. Das Tempo wird dabei immer mehr gesteigert. Fortgeschrittene Schüler machen dabei noch zusätzliche Hüftbewegungen und Schritte.

Lan Sao

Die *Lan Sao*-Bewegung ist eine sehr mächtige Technik. Sie dient dazu, gegnerische Angriffe abzuwehren, aber auch, um anzugreifen und Abstand zwischen sich und dem Gegner zu bringen.

Unser Arm wird dazu im rechten Winkel vor uns gehalten und unsere Hand zur Faust geballt. Der gesamte Arm und die Faust werden dabei angespannt. Um in den *Lan Sao* zu kommen, klappen wir einen Arm aus der Kampfstellung in diese Position. Sollten sich unsere Hände unten befinden, so ziehen wir einen Arm hoch und bringen ihn in die *Lan Sao*-Stellung. Auf diese Art und Weise wird der gegnerische Arm nach oben geschlagen, wie auf dem Bild zu sehen.

Bei einem Kampf gegen mehrere Gegner ist es auch ratsam, den *Lan Sao* einzusetzen, wenn man sich dem nächsten Gegner zuwendet. Wir wissen nie, wie nah sich dieser vor uns befindet. Sollte sich dieser nah an uns befinden, so treffen wir ihn mit unserem Ellenbogen des *Lan Sao*-Arms.

Lap Sao

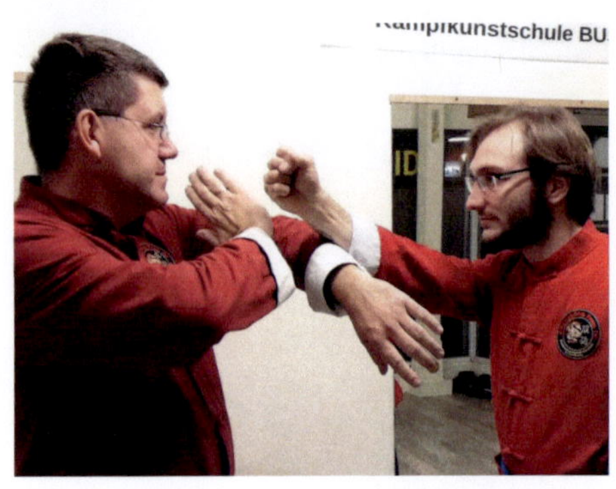

Der *Lap Sao* (dt. „greifende Hände" oder „Ziehende Hände") wird bei gegnerischen Geraden verwendet.

Wie auf dem ersten Bild zu sehen, wird die Gerade vorne mit unserem *Bong Sao* abgefangen. Unsere hintere Hand befindet sich im *Wu Sao*. Anschließend greift unsere *Wu Sao*-Hand das gegnerische Handgelenk und zieht es zur Seite. Hierdurch gibt es eine Lücke in der gegnerischen Abwehr und wir können so gegen seinen Kopf schlagen. Dies können wir erreichen, indem wir unseren *Bong Sao*-Arm zuerst nach unten drehen, dann unser Handgelenk nach uns ziehen, eine Faust bilden und anschließend diese Faust zum Gegner schlagen. Getroffen wird mit unserer Backfist.

Wird diese Backfist vom Trainingspartner mit einem *Bong Sao* ausgefangen, so sind die Positionen getauscht und dieser kann uns wieder mit einem *Lap Sao* angreifen. Wenn ständig Angreifer und Verteidiger wechseln, dann sprechen wir von einem *Lap Sao*-Zyklus. In diesem können im späteren Trainingsverlauf noch verschiedene Angriffe und Wechsel eingearbeitet werden.

Lau Sao

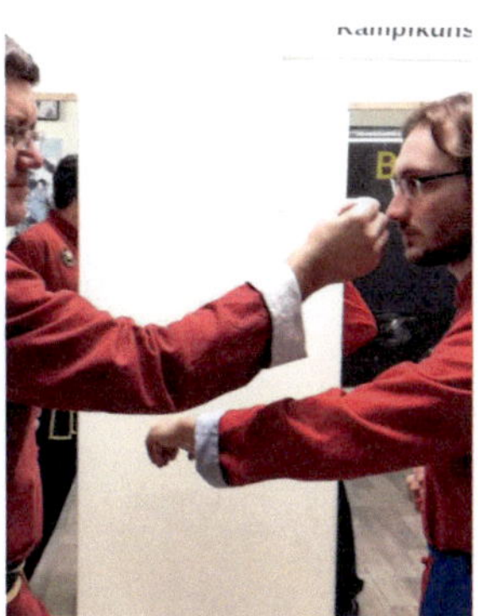

Sobald unser eigener Arm vom Gegner weggeschlagen wird, kann ein *Lau Sao* (dt. „schöpfender Arm") eingesetzt werden. Wir nutzen dazu den Impuls, den uns unser Gegner gibt.

Wenn beispielsweise unser Arm nach unten weggeschlagen wird, so bewegt sich dieser in einer kreisförmigen Bewegung nach oben wieder in Richtung Gegner. Die gleiche Bewegung gilt auch für links und rechts.

Lowkick

Der Lowkick wird dazu benutzt, dem Gegner gegen das Schienbein oder unter seine Kniescheibe zu treten.

Wir stehen in Kampfstellung. Näher sich nun der Gegner oder befindet er sich bereits in Reichweite, so nehmen wir unser hinteres Bein und schwingen es zum Bein des Gegners. Wichtig ist dabei, dass wir unser Bein anspannen, um eigene Verletzungen zu vermeiden, aber auch, um maximale Wirkung beim Gegner erzielen zu können.

Getreten wird mit der inneren Kante unserer Schuhsohle. Unser Fuß und Knie werden dazu während des Tritts nach außen gedreht. Unsere Schuhsohle wird beim Lowkick nicht zum Gegner gedreht, aber auch nicht senkrecht nach unten. Bei letzterem könnten wir so unseren Knöchel verletzen. Vielmehr trifft unsere Sohle in einem 45 Grad-Winkel den Gegner frontal das Schienbein. Sollten wir unter seine Kniescheibe treten, so wird diese nach oben geschoben oder kann brechen.

Man Sao

Kommen wir zum *Man Sao* (dt. „suchender Arm"). Mit dieser Bewegung versucht der Wing Chun-Kämpfer auf der Innenseite des Gegners zu bleiben.

Die Hand wird, wie abgebildet, in Richtung des angreifenden Schwingers gehalten, um so seine Wucht zu stoppen. Stehen wir in Kampfstellung, so nehmen wir unsere Hand, die auf der gleichen Seite des gegnerischen Schwingers ist.

Es ist allerdings Vorsicht geboten, da äußerst kraftvolle Schwinger unsere Hand verletzen können. Ideal ist der *Man Sao*, wenn wir uns schon relativ nah am Gegner befinden.

Pak Sao

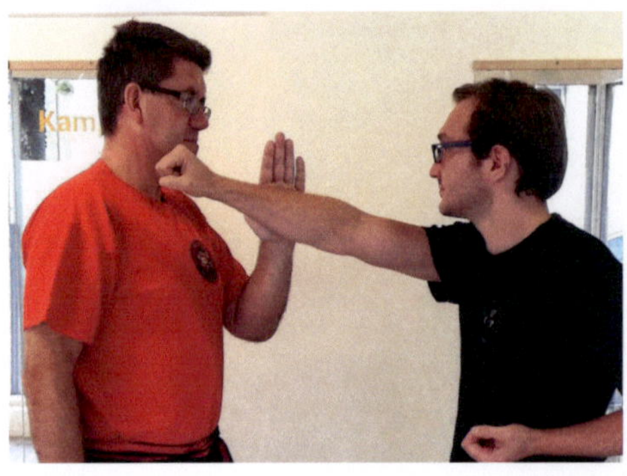 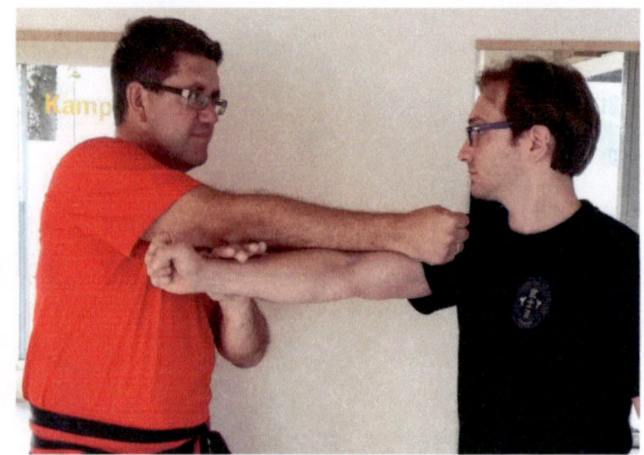

Widmen wir uns dem *Pak Sao*, der „schlagenden Hand". Dieser wird ausschließlich bei geraden Angriffen angewendet.

Kommt eine gegnerische Grade, so wird diese i.d.R. mit unserer flachen Hand zur Seite geschlagen. Der *Pak Sao* kann den gegnerischen Arm aber auch festhalten, je nach unserer angewandten Technik.

Während es Kampfstile gibt, die fast ausschließlich den gegnerischen Arm um 45 Grad nach unten schlagen, wird im Wing Chun mit verschiedenen Winkeln gearbeitet. Aufgrund der Winkel ergeben sich die Trefferziele, die allesamt auf der Zentrallinie des Gegners liegen: Nase, Zähne, Kinn, Kehlkopf, Solar Plexus und Genitalien.

Poon Sao

Der *Chi Sao*-Grundzyklus wird *Poon Sao* genannt. Hierbei hat ein Trainingspartner beide Arme außen und der andere beide Arme innen.

Der *Poon Sao* dient dazu, erste Schritte für das *Chi Sao* zu lernen. Der Trainierende lernt so die Druckrichtung und Bewegungen der gegnerischen Arme zu fühlen. Ist der Druck zu stark, kann der drückende Partner aus dem Gleichgewicht gebracht werden. Bei zu schwachem Druck kann er von seinem Partner weggedrückt werden.

Quan Sao

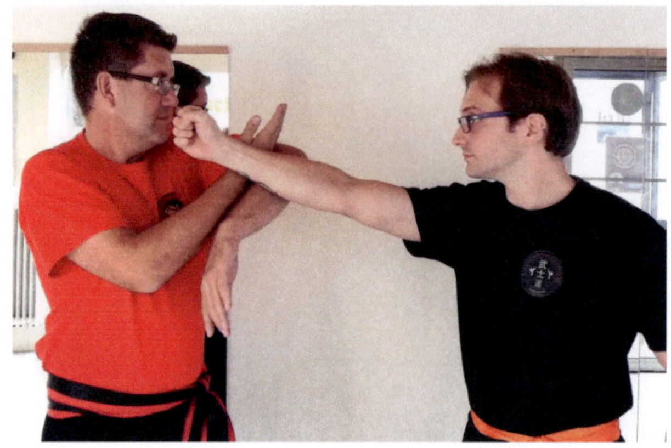

Der *Quan Sao* (dt.: „rotierende Arme"), auch *Kwaan Sao* genannt, ist eine der komplizierteren Bewegungen des Wing Chun. Diese Technik wird bei Geraden, aber auch Roundhouse-Kicks verwendet.

Auf dem ersten Blick kann es auf einen erfahrenden Kampfkünstler unlogisch wirken, mit zwei Armen nur einen angreifenden Arm zu blocken, aber dies hat durchaus seinen Sinn. Ein *Quan Sao* ist nicht der End-, sondern erst der Anfangspunkt einer Verteidigung, da unmittelbar danach der Verteidiger zum Gegenangriff übergeht.

Ein *Quan Sao* ist kein direkter Block, vielmehr wird die Bewegung des Gegners an dem eigenen Körper vorbeigelenkt, bzw. abgeleitet. Der Ellenbogen des unteren Armes im *Quan Sao* zeigt dabei direkt auf den Gegner. Genauer gesagt auf dessen Zentrallinie.

Roundhouse-Kick

Als Roundhouse-Kick werden im Wing Chun kreisförmig ausgeführte Tritte bezeichnet. Getroffen wird dabei mit dem Schienbein, aber auch vereinzelt mit dem Spann oder Fußballen. Ziel eines Roundhouse-Kicks ist die gesamte Körperseite des Gegners, also Beine, Rumpf und Kopf.

Das Bein, mit dem der Roundhouse-Kick ausgeführt wird, bewegt sich im Bogen auf den Gegner zu. Es gibt drei Arten der Ausführung:

1. Die klassische Ausführung wie beim sogenannten *Mawashi-geri*, bei dem der Fuß nach dem Auftreffen oder beim Verfehlen des Zieles zurückgezogen wird. Diese Art des Kicks wird im Wing Chun trainiert.
2. Bei vielen Kampfsportarten wird der Schwung des eigenen Körpers ausgenutzt und die Bewegung weitergeführt. Hier besteht dann allerdings die Möglichkeit, dass wir dem Gegner unseren Rücken zudrehen.
3. Durch den Brasilian-Kick wird bei der zweiten Ausführung der Körper weitergedreht, so dass sich der Ausführende durch eine schnelle Drehung wieder in Position bringt.

Side-Kick

Side-Kicks (jap. 横蹴り oder *yoko geri*, kor. *Yeop chagi*) gibt es in den meisten Kampfsport- oder Kampfkunstarten. Es handelt sich dabei um seitliche Stoßtritte, wodurch der gesamte Körper während des Trittes eingedreht werden muss.

Womit wird getroffen?
- mit der Fußsohle (jap. *sokumen sokutei geri*),
- mit der Ferse (jap. *sokumen kakato geri*),
- mit dem Fußballen (jap. *sokumen koshi geri*),
- mit der Fußkante nach außen gestoßen (jap. *sokuto kekomi*),
- mit der Fußkante nach außen geschnappt (jap. *sokuto keage*),
- Stampftritt mit der Fußkante (jap. *sokuto fumikomi*),
- Schneidetritt mit der Fußkante (jap. *sokuto fumikiri*).

Folgende Side-Kick-Arten gibt es:
- Die meist verwendete Art einen Side-Kick auszuführen, ist der mit dem hinteren Bein (jap. *ushiro ashi yoko geri*). Im Wing Chun wird dazu zuerst das Knie des hinteren Beines gerade bis zur Hüfte hochgezogen, so dass es 90 Grad nach vorne zeigt. Danach wird zeitgleich der Unterschenkel kraftvoll in Richtung des Gegners gestoßen und der eigene Körper eingedreht. Unser Oberkörper bewegt sich dabei ein wenig in die entgegengesetzte Richtung.
- Wird mit dem vorderen Bein der Side-Kick (jap. *mae ashi yoko geri*) ausgeführt, so ist die Ausführung die Gleiche, wie die mit dem hinteren Bein. Die Zeit des Eindrehens ist hierbei jedoch verkürzt und die Kraftübertragung ist durch die geringere Beschleunigung geringer. Als Vorteil kann aber hier die schnellere Ausführung genannt werden.
- Der Spinning Side-Kick oder auch Spinning Back-Kick genannt ist jedoch komplizierter auszuführen und der Ausführende sollte hierzu schon ein wenig gelenkiger sein. Steht vor der Ausführung unser rechtes Bein hinten, so drehen wir uns rechts herum und bei dem

linken Bein links herum. Zuerst wird der eigene Körper um 180 Grad gedreht. Während der Drehung wird das Bein angezogen. Anschließend blicken wir über unsere Schulter und stoßen unser Bein dann in Richtung des Gegners. Dieser Tritt wird gerne mit einem Pferdetritt verglichen. Nach erfolgtem Tritt drehen wir uns weiter und setzen das zurückgezogene Bein vorne wieder ab. Wir sollten insgesamt eine Körperdrehung von 360 Grad gemacht haben und uns nun wieder vor dem Gegner befinden.

- Ein Jumping Side-Kick wird immer mit dem vorderen Bein ausgeführt. Voraussetzung für diesen Kick ist eine größere Distanz zum Gegner. Um diese zu überbrücken, muss zuvor noch ein eingesprungener Übersetzungsschritt ausgeführt werden. Hierdurch erzeugt die gesamte Körpermasse eine wesentlich größere Auftreffenergie.

- Der Flying Side-Kick (jap. *yoko tobi geri*) ist die schwerste Form, einen Side-Kick auszuführen. Während einer Anlaufphase wird das hintere Bein seitlich eingedreht und zum Absprung gestreckt. Durch den Anlauf und den Absprung wird die höchste Treffer-Energie erzeugt. Das andere Bein wird meistens beim Absprung angewinkelt.

Snap-Kick

Ein Snap-Kick wird dazu benutzt, um die Genitalien des Gegners zu treffen. Er kann mit dem vorderen oder hinteren Bein ausgeführt werden.
Da nicht über die Gürtellinie getreten wird, gehört der Snap-Kick zu den schnellen Tritten.
Vom Ablauf her wird zuerst der Oberschenkel hochgezogen. Durch den Schwung folgt der Unterschenkel nach. Die Besonderheit in der Ausführung ist, dass der Fuß während des Tritts gestreckt wird, um so optimal die Genitalien treffen zu können.

Stopp-Kick

Der Stopp-Kick (auch „Fußblock" genannt) dient dazu, Aktionen des Gegners zu stoppen. Dies kann die Vorwärtsbewegung des Gegners selbst, oder aber auch seine Tritt- oder Knietechniken abfangen.

Im Gegensatz zum Front-Kick ziehen wir unseren vorderen Fuß in Richtung des Gegners hoch.

Stopp-Kicks gibt es in diversen Kampfstilen, vor allem aber in chinesischen Stilen und insbesondere im Wing Chun.

Tan Sao

Die *Tan Sao*-Bewegung hat viele deutsche Übersetzungen: „abgleitende Hand", „splittende Hand" oder „Handfläche oben-Hand".
Sie wird oft bei gegnerischen Schwingern verwendet. Getroffen wird dabei der gegnerische Unterarm. Würde der *Tan Sao* am Oberarm angesetzt, könnte der gegnerische Unterarm seinen Schwinger fortsetzen.
Es gibt die Möglichkeit, den angreifenden Schwinger zu blocken, also Kraft gegen Kraft einzusetzen, oder mit einer Drehung von uns in Richtung des angreifenden Arms an uns vorbei zu lenken.

Tie Sao

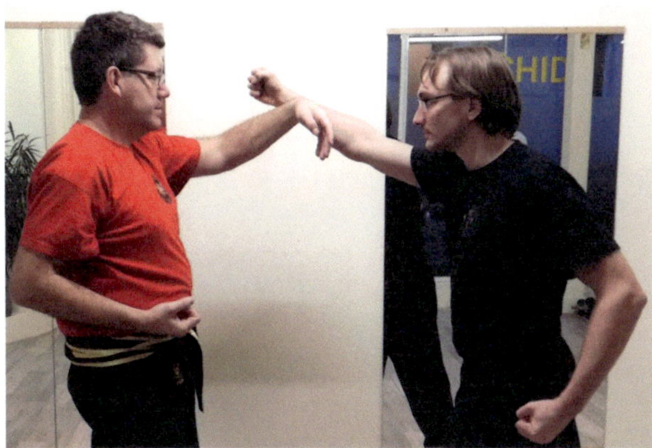

Der *Tie Sao* (dt. „hebende Arme") kann auf dreierlei Arten eingesetzt werden:

1. Entweder als wischende Bewegung, die den gegnerischen Arm abgleiten lässt, oder
2. wir schlagen mit unserem Handgelenk in das gegnerische Gesicht, oder
3. es wird mit dem *Tie Sao* eine peitschende Bewegung unserer Hand in das gegnerische Gesicht durchgeführt.

Tok Sao

Der *Tok Sao* (dt. „Schlag mit dem Handgelenk") ist eine senkrechte Aufwärtsbewegung mit unserer Hand.

Wir versuchen den gegnerischen Arm von unten her nach oben zu bewegen, um so seine Gerade abzuwehren. Dabei können wir entweder sein Armgelenk mit unserer flachen Hand nach oben schieben, dieses aber auch greifen und festhalten.

Tut Sao

Bei der Technik des *Tut Sao* (dt. „befreiende Arme") handelt es sich um eine Handbefreiung aus dem Wing Chun (*Siu Lim Tao*-Form, 8. Satz).
Sobald der Gegner unser Handgelenk greift legen wir unsere freie Hand gemäß dem oberen Bild auf unseren gegriffenen Arm. Anschließend bewegen wir die obere Hand nach unten und die gegriffene Hand nach oben. Dabei drehen wir beide Hände und lassen die Handflächen übereinander reiben. Durch diese Drehung dreht dich auch die festhaltende Hand des Angreifers. Die sich abwärts bewegende Hand trifft so i.d.R. mit der Handkante den Handwurzelknochen des Gegners. Unsere Hand ist nun frei.
Der *Tut Sao* wird im Wing Chun oft nur in den unteren Prüfungen gelehrt, da dieser leicht abgewehrt werden kann. Der Gegner braucht lediglich seinen Arm schnell zurückziehen, während wir die Hand auf unseren Oberarm legen oder sogar schon mit der Abwärtsbewegung begonnen hat. In diesem Moment beschäftigen sich beide Arme von uns mit einem Arm des Gegners. Was aber ist mit seinem zweiten Arm?

Wu Sao

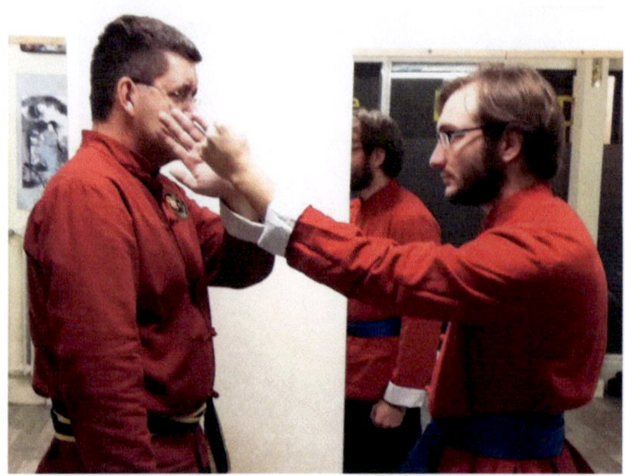

Wu Sao (dt. „beschützender Arm") ist die Schutzhand, die uns vor dem gegnerischen Angriff schützt, falls dieser an unserer ersten Hand vorbeigekommen ist. In der Kampfstellung wäre dies unsere hintere Hand.
Die *Wu Sao*-Hand wird an unserem Unterkiefer platziert und kann gegnerische Geraden und Schwinger waagerecht abwehren, aber auch tiefe Geraden/Haken an unserem Körper vorbeigleiten lassen.

Training für Kinder und Jugendliche

咏 春

Das Training ist optimal abgestimmt auf die Bedürfnisse und Erwartungen von Kindern und Jugendlichen, nutzt Motivationsanreize, führt systematisch zu stetigen Lernfortschritten, beugt Übergewicht vor, stärkt die Selbstsicherheit, vermittelt Werte und ist immer wieder neu, abwechslungsreich und vielfältig. Kinder und Jugendliche lernen auch einmal „NEIN!" zu sagen und auch Gefahrensituationen besser zu erkennen. Unser Kung Fu-Training fördert die Fähigkeit zur Rücksichtnahme gegenüber Trainingspartnern und stärkt die verantwortungvolle Durchsetzungskraft. Somit helfen wir Ihrem Kind, eine ausgewogene und starke Persönlichkeit zu werden.

Wing Chun kann bereits im jungen Alter Ihr Kind vielseitig fördern. Vor allem, wenn Ihr Kind sehr schüchtern ist, Koordinationsprobleme hat, sich schlecht konzentrieren kann oder auch sehr lebhaft ist. Wing Chun fördert die motorische Entwicklung und bietet Ihrem Kind eine kognitive und emotionale Entwicklung. Die Kinder stehen im Vordergrund und sollen mit Freude an das Kung Fu herangeführt werden. „Militärische" Drills wie in anderen Schulen wären kontraproduktiv und gibt es deshalb bei uns nicht. Moderne Erkenntnisse aus der Psychomotorik fließen bei uns in den Unterricht mit ein.

Ihre Kinder lernen zu erkennen, wie Menschen bei ihnen ihre Macht oder Autorität zu missbrauchen, egal um wen es sich dabei handelt.

Auch die Konzentration und Koordination kommt nicht zu kurz. Komplexe Bewegungsabläufe, die mit beiden Körperseiten trainiert werden, schulen die Fähigkeiten und Entwicklung Ihres Kindes. Als Nebeneffekt werden Balance und Körpergefühl geschult. Etwaigen Haltungsschäden beugen wir durch Stabilisationsübungen vor.

Es gibt neben der Kampfkunst aber auch zusätzlich pädagogische Elemente, wie beispielsweise Rollenspiele zu Konfliktsituationen in der Schule oder Gruppengespräche zu Mobbing oder Ängsten.

Weiterhin werden auch wertvolle Verhaltenstipps vermittelt, die zur Vermeidung verschiedenster Gefahren des Alltags dienen, wie beispielsweise "Wie reagierst Du, wenn Du siehst, dass jemand in Schwierigkeiten oder Gefahr steckt" oder "Was tust Du, wenn Du z.B. im Bus oder auf dem Weg nach Hause belästigt wirst". Es wird im Ganzen eine familiäre Atmosphäre geschaffen, damit eine erhöhte Lernbereitschaft gefördert wird.

Das Erwachsenentraining

咏 春

Das Training für Erwachsene beginnt meist bereits ab dem 15. Lebensjahr. Ab diesem Alter sind bei den meisten Menschen der Charakter und die körperlichen Voraussetzungen schon so weit gefestigt, dass mit dem „richtigen" Wing Chun-Training begonnen werden kann.

Vom Training her gibt es große Unterschiede im Vergleich zum Kindertraining. Während bei den Kindern spielerisch und bei den Jugendlichen locker trainiert wird, sind die Techniken bei den Erwachsenen oft nur durch diverse Schützer (für Schienbeine, Genitalien, Unterarme, Fäuste, Kopf und Zähne) durchzuführen, da ansonsten die hierdurch entstehenden Schmerzen zu groß wären.

Im Erwachsenentraining wird die physische und mentale Kraft gesteigert, sowie das Selbstbewusstsein gestärkt.

Besonders Berufsgruppen, die ein erhöhtes Risiko von Übergriffen, ist Wing Chun-Training anzuraten. Als Beispiel sind hier Polizisten, Bedienstete aus dem Securitydienst, Krankenschwestern/-pfleger und Beschäftigte aus Notfalldiensten zu nennen.

Wing Chun ist ebenfalls hilfreich im Abbau von Stress, Angst, Zorn und Enttäuschung. Durch das umfassende Training entwickeln sich persönliche Reife und sogar Führungseigenschaften.

Graduierungen im Wing Chun

咏 春

Es ist kaum möglich, hier alle Graduierungstypen der verschiedenen Wing Chun-Stilrichtungen wiederzugeben. So gibt es in einigen Stilen und auch in vielen Ländern gar keine Prüfungen, woanders werden ausschließlich Schülergrade vergeben, wiederum woanders ein paar oder viele Schülergrade und viele Technikergrade.

Um die Verwirrung noch komplett zu machen, verzichten einige Schulen auf Kenntlichmachung ihrer Kleidung. Andere verwenden stilisierte Pflaumenblüten zum Anbringen auf die Trainingsbekleidung oder verschiede farbige Schärpen. Und noch einmal andere ändern die Farbe ihrer Trainingsbekleidung, manchmal nur die Hose oder nur das Oberteil, manchmal beides.

Aus den oben genannten Gründen kann in diesem Buch nicht DIE Graduierung beschrieben werden.

Titel des Wing Chun

咏 春

B esonders versierte und engagierte Schüler die Möglichkeit, diverse Titel verliehen zu bekommen. Diese sind im Einzelnen:

• *Todai*:	Schüler des Wing Chun werden *Todai* genannt.

• *Sidai*:	Der „jüngere Schüler" von *Sifu*.

• *Sihing*:	Der „ältere Schüler" von *Sifu*.

• *Sipak*:	Der „Bruder" von *Sifu*.

• *Sifu*:	Meistertitel des jeweiligen Wing Chun-Stils.

• *Sigung*:	Großmeistertitel des jeweiligen Wing Chun-Stils.

Ein Leben für die Kampfkunst

咏 春

Fast mein gesamtes Leben betreibe ich nun Kampfsport, Kampfkunst und Selbstverteidigung. Ein Ende des Weges ist noch lange nicht in Sicht.

Seit dem Jahr 1984 habe ich viele Kampfkünste nie allein, sondern gleichzeitig mit anderen gelernt. Trainiert habe ich: Bajiquan, Boxen, Bujinkan, Hung Gar, Kobudō, Krav Maga, MMA, Muay Thai, Ninjutsu, Shaolin Kung Fu, Taekwondo, Tang, Lang Quan, Ving Tsun und Wing Chun.

Es war oft nicht leicht, mehrmals in der Woche in verschiedenen Orten zu trainieren, da die wenigsten Kampfkünste alle in einem Ort angeboten werden. Die Familie und der reguläre Beruf durften schließlich nicht darunter leiden. Nun ja, bisher ist mir dies über Jahrzehnte gelungen…

**Ernennungsurkunde zum
Sifu des Wing Chun**

**Bestätigungsurkunde zum
Sifu des Wing Chun**

Epilog

咏春

Wir sind nun am Ende des Buches angekommen. Ich hoffe, ich konnte Ihnen einen kleinen, aber feinen Einblick in die Kunst des Wing Chun vermitteln. Wenn Sie nun sagen „Hey, ich kannte aber schon ein paar Techniken von meinem x/y-Stil" – umso besser, dann sind Sie ja schon einmal auf den Ernstfall vorbereitet. Einige Kampfkünste haben umfangreiche und effektive Techniken im Lehrprogramm. Andere dagegen haben im Laufe der Zeit darauf verzichtet, da diese nicht mehr in ihr sportlich aufgesetztes Konzept passten.

Es sollen in diesem Buch auch nicht sämtliche Wing Chun-Techniken und -Bewegungen beschrieben werden, dazu ist diese Kampfkunst zu komplex, sondern ein Querschnitt der angebotenen umfangreichen Techniken vorgestellt werden. Mittelpunkt des Buches sollen Techniken dienen, die für den realen Kampf dienen.

Wenn Sie bei der einen oder anderen Bewegung sagen, dass Sie diese anders gemacht hätten, habe ich mein Ziel erreicht, denn Sie denken über die Vorgehensweise nach! Anfangs habe ich geschrieben, dass viele Techniken des Wing Chun in viele andere Kampfkünste implementiert werden können. Wenn Sie dies für ihren Kampfstil realisieren können, bitte schön!

Nur um Seiten zu füllen habe ich das Buch nicht geschrieben. Deshalb bin ich nur grob auf die Anatomie des menschlichen Körpers eingegangen. Mir lag daran, dass der Leser einen kurzen Überblick hat, welcher Muskel oder Knochen im menschlichen Körper.

Niemand lässt sich gerne obduzieren, auch nicht für ein Wing Chun-Buch ☺. Dennoch ist es für ein solches ganz hilfreich, wenn es Darstellungen zu Muskeln und Knochen des menschlichen Körpers gibt. Aus diesem Grund habe ich mich für copyrightfreie Public Domain-Darstellungen aus Wikipedia im Internet entschieden.

Ich wünsche jedem Leser, dass er niemals in eine lebensbedrohliche Situation gerät, in der er von dem Inhalt dieses Buches Gebrauch machen muss. Viel Spaß beim Training …und bleiben sie gesund!

Guido Sieverling

Danksagungen

咏 春

Danksagungen

Dieses Buch entstand durch Recherche, Kontakte und vor allem Erfahrungen, die ich in den Jahrzehnten des Studiums der Kampfkünste gesammelt habe.

Selbstverständlich ersetzt kein Buch einen professionellen Trainer. Es soll dazu dienen, sich einen Einblick in die einzigartige Kampfkunst des Wing Chun zu verschaffen, ein besseres Verständnis über den Kampf und die Selbstverteidigung zu bekommen, aber auch das Training als Arbeitsbuch zu unterstützen.

An dieser Stelle möchte ich mich bei folgenden Personen bedanken, die es mir ermöglicht haben, dieses Buch überhaupt erstellen zu können.

In erster Linie wären dies meine Familie, die immer für mich da ist und es oft nicht leicht mit mir hat, da meine Kampfkunstschule einiges an Zeit für sich beansprucht.

Einen großen Dank gebührt Kevin Werner Sievert, als meinen Trainingspartner im Buch. Danke auch an den geduldigen Fotografin Alexandra Nicole Hofacker, die immer versucht hat, meinen Vorstellungen bezüglich den Bildanforderungen gerecht zu werden. Die beiden haben versucht, so gut wie möglich meine Gedanken zum Buch auf dem Bild darzustellen. Es hat super funktioniert.

Als Letztes möchte ich mich auch bei allen meinen Meistern, Trainern, Lehrern und Unterstützern bedanken, die ich seit 1984 kennenlernen durfte oder bei und mit denen ich trainiert habe.

Auf jeden Fall war es für mich eine große Ehre, dieses Buch zu verfassen und mein Wissen mit allen zu teilen. In diesem Sinne wünsche ich allen eine glückliche, erfolgreiche und vor allem gewaltfreie Zeit.

Und falls es mal nicht ohne Gewalt gehen sollte, wissen Sie ja nun, was zu tun ist ☺…

Haben Sie noch Fragen?
Wir helfen Ihnen gerne weiter!

Tel.: 0163/4263625
Email: long-quan@t-online.de
Internet: www.long-quan.de